BAUCH GUT. ALLES GUT.

Heilsam kochen für die ganze Familie

ISBN: 978-3-99025-017-4

www.freya.at
Cover: Eva Wolfsteiner, freya_art
Konzeptionelle Bearbeitung: Isabell Gemende M.A.
Layout: Tanja Bachner
Lektorat: Mag. Walter Lanz
printed in EU

BILDNACHWEIS

© Laresser Fotografie, Rudolf Laresser: Coverfoto, Foto U4, S. 9, 54, 57, 59, 61, 63, 65, 67, 73, 77, 79, 81, 87, 91, 93, 97, 101, 107, 111, 113, 119, 123, 125, 129, 131, 133, 137, 139, 147 © Marienschwestern vom Karmel, Der Wolf: S. 15, 37, 39, 53, 150, 151 © Marienschwestern vom Karmel, Hermann Erber: S. 27, 83 © Freya Verlag, Wolf Ruzicka: S. 45 © Dmitrieva Daria| Dreamstime.com: S. 29 © Nagy-Bagoly Ilona | Dreamstime.com: S. 33 © Olga Lyubkin, Fotolia.de: S. 143 © sterneleben, Fotolia.com: S. 23

Mag. Karin Zausnig
Dr. Margarethe Fließer

BAUCH GUT. ALLES GUT.

Heilsam kochen für die ganze Familie

freya

WIDMUNG

Wir widmen dieses Buch der kleinen Karoline, sowie Antonia und Louisa.

DANKSAGUNG

Ein Buch zu schreiben ist ein vielschichtiges Projekt, und ohne die tatkräftige Unterstützung vieler Menschen wäre es nicht gelungen. Unser herzlicher Dank gilt deshalb besonders:

Kurhaus der Marienschwestern, Bad Mühllacken

HAKA Küchen, Traun

KIKA Möbelhaus, Urfahr

Wiesinger Raumausstattung, Eferding

Lektorin Dr. Elisabeth Totschnig

Grafikerin Eva Wolfsteiner

Ein inniges Danke auch an Werner und Helmut
für ihre mentale Stütze und die vielen Ermutigungen.

INHALT

VORWORT

Der Bauch – viele Namen werden ihm gegeben und zu wenig Menschen wissen über seine wertvollen Aufgaben im Inneren des Körpers ausreichend Bescheid. So manches wird ihm zugeschrieben, dem lieben Bauch.

Für die einen sitzt die Gesundheit im Darm, andere wiederum hören auf ihr Bauchgefühl oder spüren die Schmetterlinge.
Mancher vermutet das zweite Gehirn in seiner Leibesmitte und was dem Baum die Wurzeln an der Quelle sind, ist dem Menschen der Bauch als Brunnen für Kraft und Energie.

Es gibt viele gute Gründe sich des Multitalentes Bauch wohlwollend anzunehmen. Auf besondere Art und Weise ist es den beiden Autorinnen dieses Buches in kongenialem Zusammenwirken gelungen, dem gerecht zu werden.

„Bauch gut. Alles gut." vereint Erfahrungen aus der Medizin mit ernährungswissenschaftlicher Kompetenz und der Liebe zum Kochen auf leicht verständliche Art und Weise.

Als leidenschaftlichen Koch erfreuen mich die gut nachkochbaren, praktischen Rezepte und als Biobauer spüre ich bei der Auswahl der Lebensmittel die Verantwortung für diese Geschenke der Schöpfung.

Ganz im Sinne von Pfarrer Sebastian Kneipps „Einfach sollst du leben" laden die Rezepte zum Ausprobieren ein. Je nach Bauchbefindlichkeit trifft man seine Wahl und hat die Sicherheit, sich Gutes zu tun. Der Genuss der Gerichte ist ein heilsames Essvergnügen und setzt neue Lebenskraft frei. Damit gelingt die Einladung, in der Küche selbst aktiv zu sein, bestens und es werden Werte spürbar.

Das Kneipp Traditionshaus Bad Mühllacken ist Spezialist für Ernährung. Die praktische Erfahrung dieses Hauses in den Bereichen Fasten, Entschlacken, Gewichtsbalance und Säure-Basen-Ausgleich zeigt, dass immer mehr Menschen Rat und Hilfe in Ernährungsfragen suchen und dieses Buch genau zum richtigen Zeitpunkt erscheint.

Ihnen, geschätzte Leserinnen und Leser, wünsche ich gutes Gelingen in der Küche und viel Freude beim Verwöhnen ihres Bauches.
Er wird es Ihnen danken!

Für ein gesundes und gelingendes Leben

Hans Hermann
Geschäftsführer
Kurbetriebe der Marienschwestern
Aspach-Bad Kreuzen-Bad Mühllacken
www.kneippen.at

Liebe Leserin, lieber Leser!

Bestimmt haben Sie schon vieles zum Thema gesunde Ernährung gehört und gelesen.
Vielleicht haben Sie auch festgestellt, dass die Aussagen dazu oft sehr konträr sind. Das verunsichert natürlich. Zahlreiche Modediäten verschwinden genauso schnell wieder, wie sie gekommen sind, weil Sie über längere Zeit weder praktikabel noch genussvoll sind, manchmal sogar gesundheitsschädlich.

Blenden Sie doch einmal all Ihr Vorwissen über Ernährung aus. „Gesund essen" bedeutet doch, wenn Sie nach einer Mahlzeit nicht nur satt und zufrieden, sondern auch wieder leistungsfähig, gestärkt und genährt sind. Sie fühlen sich trotz der Sättigung leicht und wohlig.

Mit diesem Buch möchten wir Ihnen ein Werkzeug an die Hand geben, mit dem Sie wieder lernen, auf Ihr „Bauch-Gefühl" zu hören.
Wir zeigen Ihnen, was sich in der ärztlichen und der ernährungswissenschaftlichen Beratungspraxis bewährt hat.
Gleichzeitig laden wir Sie ein, zu experimentieren, Neues auszuprobieren und vor allem wieder sensibel zu werden für das, was Ihrem Körper gut tut und ihn dauerhaft gesund erhält. Wir wünschen uns, dass dieses Buch für Sie ein Wegweiser ist.

Manches wird für Sie besser passen, anderes mag Ihnen nicht umsetzbar erscheinen. Probieren Sie möglichst vorbehaltlos, was Sie anspricht, haben Sie Geduld und beobachten Sie, wie sich die neue Ernährungsform auf Ihr Befinden auswirkt.

Dieses Buch ist für alle gedacht, die neue Impulse und Abwechslung in ihren Koch- und Essalltag bringen wollen. Besonders hilfreich werden es Menschen mit Verdauungs- und Befindlichkeitsstörungen sowie Übergewicht und Stoffwechselerkrankungen finden.
Wenn Sie entschlacken oder nach einer Fastenkur Aufbautage durchführen wollen, bietet Ihnen „Bauch gut. Alles gut." zahlreiche wertvolle Anregungen.

Wieder zu einer natürlichen, bekömmlichen und einfachen Ernährungsweise zurückzufinden und zu spüren, was gut tut, sind wichtige Schritte zu Gesundheit und Wohlbefinden.
Diese natürliche Ernährung wird zu einer Neujustierung Ihres körperlichen Empfindens führen. Sie können darauf vertrauen, sich selbst der beste Ernährungsberater/die beste Ernährungsberaterin zu sein – unabhängig von Modediäten oder sich widersprechenden Ernährungsempfehlungen.

Auf dem Weg dorthin mag Ihnen unser Buch ein wertvoller Begleiter sein.

Wir wünschen Ihnen viel (Experimentier-) Freude und genussvolle Momente dabei!

Mag. Karin Zausnig Dr. Margarethe Fließer

BOSCH
BOSCH

IHR BEGLEITER IM ESSALLTAG

Vielleicht kennen Sie das: Nach einer Mahlzeit fühlt sich der Bauch aufgebläht an und ist druckempfindlich.

Am liebsten würden Sie jetzt einfach den Gürtel aufmachen und sich hinlegen, schön wäre noch eine Wärmeflasche am Bauch. Im Büro oder beim Geschäftsessen können Sie sich aber nicht so einfach entschuldigen.

Immer wieder werden wir zu „gesunder Ernährung“ angehalten. Die moderne Ernährungswissenschaft empfiehlt drei bis fünf Portionen Vollkornprodukte täglich. Ebenso ideal wären üppige Müslis, reichlich Salate und Frischkost sowie Milch und Milchprodukte.

Vielleicht denken auch Sie hier enttäuscht:
„Ja, ich weiß, das wäre gesund. Aber genau diese gesunden Sachen vertrage ich so schlecht.“

Das entspricht auch unserer Erfahrung:
Nicht alles, was als „gesund“ gilt, ist auch für alle gleich gut verträglich.
Wenn Sie zur Gruppe der empfindlichen Bäuche gehören, kann Ihnen ein Übermaß an diesen gesunden Lebensmitteln nachhaltig die Freude am Essen verderben.
Wir sind davon überzeugt, dass gesund ist, was verträglich ist. Vorausgesetzt allerdings, dass noch ein natürliches Empfinden dafür vorhanden ist, was Ihnen bekommt.

Eher wahrscheinlich ist jedoch, dass uns dieser natürliche Instinkt durch die bei uns übliche Ernährung abhanden gekommen ist.

Ein Entschlackungswochenende, wie wir es weiter unten beschreiben, oder auch eine Fastenwoche mit sorgfältigem Kostaufbau können helfen, wieder zu dieser Natürlichkeit zu finden.

Wer sich besser spürt und seinen Körper und dessen Bedürfnisse gut kennt, ist unabhängig von häufig wechselnden Ernährungsmoden.

Beschwerden des Verdauungstraktes sind unangenehm. Alltag und Lebensqualität werden dadurch stark beeinträchtigt.

Trotzdem werden Befindlichkeitsstörungen dieser Art oft bagatellisiert und deshalb nicht ernst genommen.

Manchmal bestehen die Symptome über so lange Zeit, dass sie nicht mehr wahrgenommen werden.

Die dauerhafte Belastung des Magen-Darm-Traktes ist häufig die Ursache vieler Beschwerden, die nicht sofort auf ein überstrapaziertes Verdauungssystem zurückgeführt werden:

» Chronische Müdigkeit
» Schmerzen am Bewegungsapparat
» wiederkehrende Infekte
» Allergien und Unverträglichkeiten
» Kopfschmerzen oder Hauterkrankungen
» Konzentrations- und Aufmerksamkeitsstörungen
» reduzierte Leistungsfähigkeit im beruflichen Alltag und beim Sport

Personen, die die unangenehmen Nebenwirkungen von Mahlzeiten wie Bauchschneiden, Blähungen oder kolikartige Schmerzen kennen, werden sich hier sicher wiederfinden. Das betrifft Erwachsene sowie auch Kinder gleichermaßen.

HINWEIS

Auch harmlos erscheinende Beschwerden des Bauches können Hinweise auf Erkrankungen des Verdauungstraktes sein und müssen immer ernst genommen und abgeklärt werden. Sprechen Sie deshalb unbedingt mit Ihrem Arzt/Ihrer Ärztin darüber!
Selbst wenn bei Untersuchungen organische Ursachen ausgeschlossen werden, kommt es vor, dass die Beschwerden trotzdem bestehen bleiben. Hier gibt Ihnen dieser Ratgeber wertvolle Unterstützung.

Finden Sie zuerst heraus, welcher Bauchtyp Sie sind. Die einfachen und leckeren Rezepte, die zu Ihrem Typ passen, werden dann dazu beitragen, dass sich Ihr Bauch schnell wieder gut anfühlt.

WELCHER BAUCHTYP BIN ICH?

Sie sind noch nicht sicher, welcher Bauchtyp Sie sind? Lesen Sie die Beschreibungen der drei unterschiedlichen Bauchtypen durch.

Sie werden sich vermutlich schnell einem Typ zuordnen können.

Jedem Bauchtyp ist ein Symbol (, ,) zugeordnet. Diese Symbole finden Sie im Rezeptteil wieder. So können Sie auf einen Blick sehen, welches Gericht Ihrem Bauchtyp entspricht und für Sie empfehlenswert ist.

DER GESUNDE BAUCH

Menschen mit gesundem Bauch sind robuste Typen, die grundsätzlich alle Nahrungsmittel gut vertragen. Dieser Bauchtyp kann auch (glutenhaltige) Vollkorngetreide, Frischkost, Kuhmilchprodukte, Soja und Fleisch ohne Beschwerden verdauen.
Auch fette Speisen, unregelmäßige Essenszeiten oder Essen spät abends können dem gesunden Bauch nichts anhaben.

Bedenken Sie dabei:

Ein gesunder Bauch kann ein empfindlicher werden, wenn Sie ihm allzu viel zumuten.
Um sich den gesunden Bauch zu erhalten, sollten Sie sich an die Grundsätze einer vollwertigen Ernährung halten: hauptsächlich Gemüse und Obst, etwas Getreide oder Kartoffeln und - wenn Sie mögen - ab und zu etwas Fleisch.
Auch der gesunde Bauch wird auf Dauer durch die klassische Zivilisationskost, also durch zu viele Süßigkeiten und Fertigprodukte sowie ein Übermaß an Alkohol und Kaffee belastet.

Getreide enthält einen Eiweißstoff, der für die Backqualität des jeweiligen Mehls ausschlaggebend ist. Dieses Gluten genannte Protein ruft bei Menschen mit entsprechender Veranlagung Unverträglichkeiten („Zöliakie“) hervor.

Die ärztliche Praxis hat gezeigt, dass glutenhaltige Nahrung bei sensiblen Menschen zu Beschwerden führen kann, selbst wenn keine Zöliakie diagnostiziert wurde.

Glutenhaltig sind folgende Getreide:

Weizen, Roggen, Gerste, Hafer, Dinkel und Grünkern sowie die wieder in Mode gekommenen „Urformen“ von Weizen (Kamut, Emmer, Einkorn) und alle daraus hergestellten Produkte.
Hafer enthält verhältnismäßig wenig Gluten und wird deshalb von empfindlichen Personen relativ gut vertragen.

Auf jeden Fall glutenfrei sind Reis, Mais, Hirse, Quinoa, Buchweizen und Amaranth.

DER EMPFINDLICHE BAUCH

Der empfindliche Bauch macht sich durch eines oder mehrere der folgenden Symptome bemerkbar:

- » Blähungen
- » Bauchschneiden, Darmschmerzen
- » stark übel riechender Stuhl und/oder stinkende Blähungen
- » Durchfälle und/oder Verstopfungen (auch abwechselnd)
- » schleimige Stühle
- » unverdaute Nahrungsreste im Stuhl
- » weicher Stuhl („Kuhflade“)
- » harter Stuhl („Hasenbemmerl“)
- » Druckgefühl im Magen, Magenschmerzen
- » Sodbrennen und saures Aufstoßen
- » Völlegefühl (oft trotz kleiner Mahlzeiten)

Diese Symptome sind die klassischen Beschwerden, die sich auf den Magen-Darm-Trakt beziehen.

Reduzieren Sie Milch und Milchprodukte auf Butter, Butterschmalz und Obers.

Der empfindliche Bauch braucht Streicheleinheiten in Form von viel weich gekochtem oder gebratenem Gemüse.

Nehmen Sie Obst als Kompott oder Mus zu sich. Gut verträglich sind auch glutenfreie Getreidesorten wie Reis, Mais/Polenta, Hirse und Buchweizen.

Aber auch viele Befindlichkeitsstörungen, die nicht offensichtlich mit dem Magen-Darm-Trakt zusammen hängen, haben dort ihre Ursache. Zum Beispiel:

- » chronische Müdigkeit
- » Abgeschlagenheit
- » Antriebslosigkeit
- » Pilzinfektionen
- » Kopfschmerzen
- » Allergien wie Heuschnupfen oder Neurodermitis
- » Akne
- » Infektanfälligkeit
- » Verkühlungen
- » Grippe
- » Bronchitis
- » Beschwerden am Bewegungsapparat
- » Gicht
- » rheumatische Beschwerden

Wenn Sie Fleisch vertragen und es derzeit auch Bestandteil Ihrer Ernährung ist, können Sie kleine Mengen weiterhin auf Ihrem Speiseplan belassen:
maximal zwei Mal pro Woche circa 50-60 Gramm Frischfleisch (das entspricht etwa einer handtellergroßen Portion).

Greifen Sie zu weißem Fleisch (Geflügel) oder Fisch in hochwertiger Bio-Qualität.
Im Rezeptteil finden Sie süße Köstlichkeiten, die selbst ein empfindlicher Bauch verträgt. Vermeiden Sie bei einem sensiblen Magen-

Darm-Trakt rohes Obst und Gemüse sowie glutenhaltige Getreide.

Auch Milch und Milchprodukte, ebenso wie Soja eignen sich für den empfindlichen Bauch wegen ihres hohen Allergiepotentials nicht. Milch ersetzen Sie beim Kochen am besten durch Wasser, dem Sie einen Schuss Obers beigeben.

Fallbeispiel: Christian W., 41 Jahre

Der Patient ist leitender Angestellter in einer Werbeagentur und seit zwei Jahren geschieden. Bedingt durch einen fordernden Beruf mit häufigem Termindruck nimmt er keine regelmäßigen oder warmen Mahlzeiten zu sich.
Das Mittagessen besteht hauptsächlich aus Brot und Käse sowie rohem Obst, abends muss er häufig an Geschäftsessen teilnehmen.

In der Praxis berichtet er über folgende Symptome: ein anhaltender Schmerz im Vorfuß, für den trotz orthopädischer Abklärung keine Ursache gefunden wird. Bei der Gesundenuntersuchung mit ausführlichem Labor werden keine krankhaften Werte festgestellt. In letzter Zeit klagt der Patient über Kopfschmerzen.
Erst auf Nachfrage bemerkt er, dass er sich seit Monaten chronisch müde fühlt, obwohl er auf ausreichend Schlaf achtet. Die Müdigkeit besteht sowohl morgens als auch nach der Mittagsjause, auf die ein regelrechter Energieeinbuch folgt.
Als besonders unangenehm schildert er die krampfartigen Durchfälle, die sich nach oder im schlimmsten Fall bereits während der abendlichen Geschäftsessen ankündigen. Zusätzlich fühlt er sich durch übel riechende Blähungen beeinträchtigt. Auch die Darmuntersuchung bleibt ohne Ergebnis.

Im Zuge des ärztlichen Gesprächs wird dem Patienten eine Essensumstellung empfohlen, der er mit großer Skepsis entgegensieht.
Wie soll eine solche in seinen stressigen Arbeitsalltag integriert werden?
Schließlich können nicht alle Geschäftsessen abgesagt werden! Aufgrund des übermächtigen Leidensdrucks und der großen Einschränkungen im Alltag entschließt sich der Patient doch für eine einmonatige Schonkost.
Die Hauptmahlzeiten bestehen aus weich gekochtem Gemüse oder Suppen ergänzt durch Reis, Polenta und Hirse. Sein Bedürfnis nach Süßem stillt er über Obstkompotte und Muse. Um die Diät praktikabel zu machen, darf er kleine Portionen Fisch, Huhn und Pute essen.

Beim vereinbarten Gespräch nach vier Wochen berichtet der Patient, dass er gemeinsam mit seiner Lebensgefährtin einmal täglich warm kocht, wobei er sich Suppen und Reste vom Abendessen am nächsten Tag ins Büro mitnimmt, um keine weiteren Brot-Käse-Mahlzeiten zu sich nehmen zu müssen.

Bei den Geschäftsessen isst er hauptsächlich gebratenes Gemüse mit kleinen Fisch- oder Geflügelportionen. Erstaunlicherweise stößt die

Vorgabe, während der Diät auch auf Alkohol zu verzichten, auf großes Verständnis, was ihm die Durchführung erleichtert.

An die Empfehlung, das Mittagessen langsam und ohne störende Telefonate zu essen, hält er sich strikt. Das tägliche Kochen bringt darüber hinaus einen angenehmen Rhythmus in sein Leben und das seiner Partnerin. Sein subjektives Empfinden beschreibt er als „sensationell".
Die Müdigkeit ist verschwunden, er erfreut sich neuer Wachheit, Leistungs- und Konzentrationsfähigkeit. Die Bauchkoliken sind abgeklungen, ebenso wie die Blähungen und er beobachtet einen normal geformten, täglichen Stuhlgang.
Außer bei übermäßiger Anstrengung kommen auch die Vorfußbeschwerden nicht mehr vor. Diese Schmerzfreiheit erlaubt wieder langsames Laufen und Radfahren, was der Patient als sehr ausgleichend empfindet.

Bei einem weiteren Gespräch nach sechs Monaten berichtet der Patient, dass er die Diät lockern konnte.
Bei einem völligen Rückfall in die alten Ernährungsgewohnheiten kommen jedoch auch die ursprünglichen Beschwerden wieder.

Auf diese Weise hat er herausgefunden, welches Essen seinem Körper gut tut und womit er sein Wohlbefinden dauerhaft erhalten und steigern kann.

DER KRANKE BAUCH

Diese Symptome charakterisieren den kranken Bauch, wobei eines oder mehrere gleichzeitig auftreten können:

» blutiger und schleimiger Stuhl
» chronischer Durchfall oder chronische Verstopfungen
» explosionsartige Stuhlentleerungen (kündigen sich eventuell bereits während der Mahlzeit an)
» schwere Entzündungen im Magen und Darm (Gastritis, Kolitis)

Um dem kranken Bauch Linderung zu verschaffen, empfehlen wir die Einhaltung einer strikten Schonkost. Dabei wird die Lebensmittelvielfalt stark reduziert, sodass nur hypoallergene, milde und vorwiegend gekochte Nahrungsmittel gegessen werden.

Der „angeschlagene" Verdauungstrakt wird beruhigt und kann sich regenerieren. Sobald sich die Symptome gebessert haben, darf die Diät etwas gelockert werden (siehe empfindlicher Bauch).

Im Fall einer akuten Erkrankung beschränken Sie sich am besten auf wenige, leicht verdauliche und vor allem nicht blähende Gemüsesorten. Kochen Sie Karotten, Kürbis, Kartoffel, Sellerie, Pastinaken, Fenchel und Rote Rüben mit verdauungsfördernden Gewürzen.
Um eine leichte Mahlzeit komplett zu machen, essen Sie am besten etwas (weißen) Reis oder Hirse dazu. Obst sollte ebenso nur in gekochter Form gegessen werden. Versuchen Sie es mit Beerenobst und Waldfrüchten, Marillen, Birnen oder Hollerbeeren. Hieraus lassen sich köstliche, wohltuende Kompotte oder Röster zubereiten.

Der kranke Bauch verträgt nur wenig Fett, wobei Butterschmalz am bekömmlichsten ist. Hiervon können sie kleine Mengen zum Anbraten oder Verfeinern von Gemüse verwenden. Nicht nur speziell bei schwerer Bauchsymptomatik, sondern auch bei vielen anderen akuten Krankheitsbildern wie:

» Verkühlung
» Grippe
» Fieber
» Infekte
» Allergieschübe
» Migräne
» Gicht und Rheuma

empfiehlt sich eine strenge Schonkost. Reisschleimsuppe oder Reis mit gedünsteten Äpfeln kann Ihr Essen für die Dauer der Krankheit sein.

Wenn der Darm entlastet wird, kann die frei werdende Energie für Genesungsprozesse verwendet werden. Das stärkt das Immunsystem und führt zu einer rascheren Gesundung.

Probieren geht über studieren

Sie wissen jetzt, welcher Bauchtyp Sie sind. Nun können Sie aktiv und Schritt für Schritt Ihre Ernährung umstellen und damit die Symptome lindern.

Je konsequenter Sie vorgehen, desto schneller werden Sie Verbesserungen spüren und sich wieder wohl fühlen.

Seien Sie jedoch nicht zu ungeduldig! Wenn Symptome über Jahre hinweg bestanden haben, verschwinden sie nicht innerhalb weniger Tage. Geben Sie Ihrem Körper – je nach Schweregrad – einige Wochen oder Monate Zeit zur Gesundung.

Die Entlastung eines angeschlagenen Verdauungstraktes führt immer zur Entlastung des Immunsystems und somit zu Gesundheit und Vitalität.

Oder kurz gesagt: Bauch gut. Alles gut.

Was wir von Kindern und Tieren lernen

Bei kranken Tieren kann beobachtet werden, dass diese gänzlich auf Nahrung verzichten; sie trinken jedoch und erholen sich so rasch. Vielleicht haben Sie schon beobachtet, dass auch Kinder bei Krankheit Essen oft ablehnen oder mit Appetitlosigkeit reagieren.
Zwingen Sie Ihr Kind deshalb nicht zum Essen, achten Sie jedoch auf eine ausreichende Flüssigkeitszufuhr.
Neben Wasser, Tee und Säften nehmen kranke Kinder auch gerne klare Gemüsesuppen und Kompottsaft zu sich.

Vielleicht haben Sie schon beobachtet, dass sich Ihr Bauch nicht jeden Tag gleich anfühlt und an manchen Tagen sensibler reagiert als an anderen. Auch innerhalb Ihrer Familie werden Sie feststellen, dass es robustere und empfindlichere Bäuche gibt.

Trotz dieser Unterschiede ist es durch geschickte Kombination der Rezepte möglich, mit einer frisch zubereiteten Mahlzeit jeden Bauchtyp in der Familie satt und zufrieden zu bekommen.

Das heißt, jeder nimmt vom Angebot bei Tisch das Essen, welches ihm/ihr am besten bekommt. Sowohl Erwachsene als auch Kinder finden schnell heraus, was ihnen gut tut.

SCHEINFREUNDE IM EINKAUFSWAGEN

Auf einige Lebensmittel möchten wir speziell eingehen. Zum einen, weil diese zum Teil traditionelle und fixe Bestandteile unserer Ernährung sind. Zum anderen, weil sie ein besonders hohes Unverträglichkeits- beziehungsweise Allergiepotential bergen.

Kuhmilch und Kuhmilchprodukte

Die ärztliche Praxis hat gezeigt, dass Personen mit einem empfindlichen Bauch sehr gut auf die Reduktion von Kuhmilch beziehungsweise Kuhmilchprodukten reagieren.

Die entlastende Wirkung ist unabhängig davon spürbar, ob tatsächlich eine Laktoseintoleranz (Milchzuckerunverträglichkeit) oder eine Kuhmilchallergie (Eiweiß) vorhanden ist.

Milchprodukte mit hohem Fettanteil wie Butter, Butterschmalz und auch Obers sind jedoch häufig sehr gut verträglich.
Da Milch und Milchprodukte so selbstverständliche und wesentliche Bestandteile unserer Ernährung sind, ist deren Reduktion für manche eine schwer überwindbare Hürde.

Die Lektüre von „exotischen" Kochbüchern kann in dieser Hinsicht bereichernd sein, denn in vielen Ländern der Welt spielen Milch und Milchprodukte keine oder nur eine untergeordnete Rolle.

Milch und Milchprodukte werden bei uns in erster Linie wegen ihres hohen Kalziumgehalts empfohlen.

Wenn Sie auf Milch verzichten (müssen), brauchen Sie dennoch keine Angst zu haben, mit Kalzium unterversorgt zu sein.

Viele pflanzliche Lebensmittel liefern beachtliche Mengen an Kalzium.

So sind dunkelgrüne Gemüse (Mangold, Spinat, Wirsing, Lauch, Vogerlsalat), aber auch Nüsse, Mandeln, Sesam und Hülsenfrüchte sowie Trockenfrüchte (Feigen) gute Quellen für den knochenstärkenden Mineralstoff.

Besonders wichtig für starke Knochen ist, dass Sie sich viel an der frischen Luft aufhalten und Bewegung machen.

Koffein und phosphatreiche Nahrungsmittel (Wurst, Schmelzkäse, Käse, Cola-Getränke) sollten Sie meiden.

In den letzten Jahren sind eine Reihe von Milchersatzprodukten auf den Markt gekommen. Produkte aus Soja und diversen Getreidesorten stehen zur Verfügung, stellen jedoch keine empfehlenswerten Alternativen dar.

Tatsächlich geht es bei Milch darum, zu reduzieren und andere Möglichkeiten anstatt Ersatzprodukte zu finden.
Denn selbst Reis-, Hafer- oder Hirsedrinks haben ihre Tücken: Die Herstellung ist aufwändig, Verpackung und Transport sind umweltbelastend und die Haltbarkeit ist lang, weshalb sie einer Konserve gleichkommen.

Produkte von Schaf und Ziege werden von manchen als Alternative zur Kuhmilch gut vertragen. Durch ihre spezielle Beschaffenheit sind sie leichter verdaulich als Kuhmilch.

Aber Achtung:
Bei einer Milchzuckerunverträglichkeit sind Schaf- und Ziegenmilch und alle Erzeugnisse daraus ebenso ungeeignet wie Kuhmilch!

Ist Soja eine Alternative?

Die Sojabohne hat, beflügelt durch die Bio- und Gesundheitsszene, unsere Teller in den unterschiedlichsten Erscheinungsformen erobert.

Diese Eroberung ist jedoch skeptisch zu sehen: Sojamilch ist zwar eine beliebte Alternative zu Milch, da Soja oder Sojabestandteile aber in immer mehr Nahrungsmitteln eingesetzt werden, ist es mittlerweile zu einem der drei Hauptallergene in unseren Breiten avanciert.

Ähnlich wie um Gluten ist es auch um Soja bestellt: Selbst wenn keine echte Allergie vorliegt, so reagieren erfahrungsgemäß sensible Bäuche unverträglich darauf.

Wir gehen davon aus, dass Lebensmittel, deren Kultivierung und Verwendung bei uns eine lange Tradition haben, für unseren Körper am bekömmlichsten sind.
Soja ist keine traditionelle europäische Pflanze.

Weizen

Wenn Sie aufmerksam durch die Brotabteilung im Supermarkt gehen oder auch in einer Bäckerei nachfragen, so werden Sie feststellen, dass viele Brot- und die meisten Gebäcksorten ganz oder zum Großteil aus Weizenmehl erzeugt werden. Das war nicht immer so.

Noch um 1900 war Roggen das maßgebliche Brotgetreide – in Vollkornqualität, denn Auszugsmehle (Weißmehle) waren schwierig herzustellen und deshalb teuer.

Heute hat sich die Situation umgekehrt. Weizen steht aufgrund seiner guten Backeigenschaften im Vordergrund.

Durch die Abtrennung von Kleie und Keimling bringen wir uns aber um ernährungsphysiologisch wichtige Vitalstoffe.

Was übrig bleibt, ist vor allem Stärke, die wir durch die häufigen Brotmahlzeiten im Übermaß konsumieren. Kein Wunder also, dass Weizen neben Soja und Kuhmilch ein weiteres Hauptallergen ist.

Nun kann es sein, dass manche nur auf Weizeneiweiß reagieren, was die Ernährungsumstellung einfach gestaltet.

Mit Roggen, Dinkel, Kamut, Einkorn und Emmer gibt es gute Alternativen, die auch Brotgenuss möglich machen.
Diese zum Teil sehr alten Getreidesorten kommen langsam wieder in Mode. Innovative Bäcker experimentieren bereits damit und haben interessante Kreationen entworfen.

Ist es allerdings das Gluten, das Klebereiweiß im Getreide, das Ihnen zu schaffen macht, fallen etliche Getreidesorten weg, die dieses besondere Protein enthalten.

Alle sogenannten „Pseudogetreide“ (Quinoa, Amaranth, Buchweizen) sowie Mais, Hirse und Reis werden Sie gut vertragen, da diese kein Gluten enthalten.

Mit diesen wertvollen Getreidesorten können Sie herrliche süße und pikante Gerichte zaubern. Auch Waffeln lassen sich daraus herstellen, die als Brotersatz dienen.

Brot gehört bei uns zu den Grundnahrungsmitteln. Bedauerlicherweise läßt die Qualität von Brot sehr oft zu wünschen übrig.

Wir werden geblendet von „sportiven" Bezeichnungen, aufgestreuten Samen und der dunklen Farbe.

Wirft man aber einen Blick auf die Zutatenliste, bröckelt das gesunde Image sehr schnell und man stellt fest, dass das dunkle Fitnessbrot kein volles Korn enthält, so wie man es dem Käufer glauben machen möchte.

Achten Sie deshalb auch bei Brot auf hohe Qualität, das heißt Brot aus biologisch angebautem, vollem Korn.

Übrigens:
Auch die praktischen und schnell zuzubereitenden Nudeln bestehen in den meisten Fällen aus Weizenweißmehl, weshalb sie für empfindliche Bäuche nicht geeignet sind.

Genauso rasch gekocht und ungleich besser verträglich sind beispielsweise Maisnudeln, Polenta oder Hirse. Zusätzlich erschließen Sie sich damit neue Geschmackserlebnisse!

Das klassische Frühstück und die schnelle Jause

Brot begleitet uns vom Frühstück bis zur Abendmahlzeit, trägt süße und pikante Aufstriche, Wurst, Käse und Butter.

Die kalte und häufig sehr einseitig gestaltete, aber bei uns übliche Jause ist genauso wie das Frühstück ein wahrer Fundus für Kuhmilch und Weizen.
Für viele ist die Veränderung von Frühstück und Jause ein erster, aber großer und gewinnbringender Schritt.

Mit etwas Vorbereitung und Planung kann das Marmeladenbrot durch ein leckeres Polenta- oder Hirsefrühstück ersetzt werden.

Abends weicht die klassische Jause Resten vom Mittagessen, einer schnellen Suppe oder anderen, einfach zuzubereitenden Mahlzeiten.

Die Gerichte dürfen sehr reduziert gestaltet sein. Das schont nicht nur Ihr Zeitbudget, sondern auch den Verdauungstrakt.

Naschkatzen aufgepasst!

Wer den Verdauungstrakt entlasten und sein Wohlbefinden steigern möchte, sollte insbesondere auch Zucker deutlich reduzieren. Zucker ist ein hoch gereinigtes Nahrungsmittel, das außer Kalorien keine weiteren Nährstoffe enthält.

Damit liefert er Energie, verbraucht bei seiner Verstoffwechslung nicht unerhebliche Mengen an Vitamin B1, liefert aber keinerlei ernährungsphysiologisch wichtige Substanzen wie Vitamine oder Mineralstoffe.

Bevor Zucker aus der Zuckerrübe gewonnen werden konnte, wurde er ausschließlich aus Zuckerrohr hergestellt und aus Übersee importiert.

Das machte ihn zu einem teuren, kostbaren Gut. Zucker war so wertvoll, dass er sogar als Heilmittel eingesetzt wurde.

Diese Zeiten sind längst vorbei, denn heute finden wir Zucker in vielen Nahrungsmitteln im Übermaß. Nicht nur Süßigkeiten und Erfrischungsgetränke enthalten Zucker.
Auch Nahrungsmittel, in denen wir Zucker gar nicht vermuten würden, enthalten oft beträchtliche Mengen davon: viele Joghurt- und andere Milcherzeugnisse, (auch pikante) Fertigprodukte oder Saucen werden mit Zucker geschmacklich aufgebessert.

Wer auf Zucker verzichten will oder muss, für den ist das „süße Leben“ aber nicht vorbei!
Es gibt viele Zuckeralternativen, die Sie ausprobieren können. Die einfachste, natürlichste und bei uns gängigste ist Honig.

Echter Bienenhonig vom (Bio-)Imker in Ihrer Nähe ist eine süße Delikatesse, die – in Maßen genossen – dem Körper gut tut.
Außerdem können Agavendicksaft, Apfel- oder Birnendicksaft, Ahornsirup, Gersten- oder Reismalz, eingeweichte Trockenfrüchte und reife Bananen zum Süßen verwendet werden.

Die Auswahl des Süßungsmittels richtet sich nach der Beschaffenheit der Speise.

Die Vorliebe für Süßes ist uns angeboren. Süße signalisierte unseren Vorfahren Reife und damit ein Höchstmaß an Nährstoffen sowie Genießbarkeit.

So ist es wenig verwunderlich, dass wir immer noch auf Süßes fliegen. In erster Linie geht es darum, das individuelle Empfinden für süß, die sogenannte „Süßschwelle“, herabzusetzen. Vielleicht haben Sie das auch selbst schon erlebt. Sie haben für längere Zeit sehr wenig oder nichts Süßes gegessen. Die Schokolade, die Sie vor Ihrer Abstinenz unbeeindruckt weggenascht haben, kommt Ihnen danach unerträglich süß vor.

So braucht es nicht unser Ziel sein, alles Süße zu streichen, sondern weniger davon genußvoller zu essen.

Verwöhnen Sie sich beispielsweise mit hochwertigen Süßspeisen. Versuchen Sie es mit Kompotten, die Sie eventuell mit Trockenfrüchten mischen, Fruchtmus und hausgemachten Mehlspeisen. Die bunten Versuchungen der Süßwarenindustrie sind teuer und reizen besonders sensible Bäuche.

Grundsätzlich sollten Süßigkeiten nur nach dem Essen als kleine Nachspeise genossen werden. Süßigkeiten als Zwischenmahlzeit, Hauptmahlzeit oder Belohnung sind nicht empfehlenswert.

Keine Angst vor Fetten!

Nahrungsfette erfüllen eine Reihe wesentlicher Aufgaben im Körper und sind ein wichtiger Geschmacksträger.
Der Nahrungsbrei bleibt durch Fett länger im Magen, wodurch er besser anverdaut wird, bevor er in den Dünndarm kommt. Das wiederum unterstützt den Darm bei der Aufspaltung der großen Nährstoffe in ihre Einzelkomponenten und entlastet ihn somit. Fett macht auch nicht grundsätzlich fett.

Achten Sie besonders auf die Fettqualität. Verwenden Sie unraffinierte, pflanzliche Öle aus biologischem Landbau.
In Lein-, Raps- und Hanföl finden sich auch größere Mengen an Herz schützende Omega-3 -Fettsäuren. Als universell einsetzbare Kochöle eignen sich Oliven- und Rapsöl besonders gut.

Generell sollten naturbelassene Öle nicht zu hoch erhitzt werden, weshalb sie sich auch nicht dazu eignen etwas scharf anzubraten. Dafür passt Butterschmalz besser.

Spezialöle wie Leinöl, Nussöle oder Hanföl verwenden Sie am besten nur kalt oder zur geschmacklichen Abrundung der fertig gekochten Speise. Zwei Drittel der Fette, die wir zu uns nehmen, verzehren wir als sogenannte „versteckte Fette".

Das heißt, wir essen Nahrungsmittel, die reichlich Fett enthalten, das nicht auf den ersten Blick ersichtlich ist. Die Spitzenreiter der „Fettverstecke" sind Fleisch und Fleischwaren sowie Milch und Milchprodukte. Zusätzlich liefern tierische Fette hauptsächlich die weniger erwünschten, gesättigten Fettsäuren und oft große Mengen an Cholesterin.

Für Menschen mit empfindlichem oder angeschlagenem Verdauungssystem ist Milchfett in Form von Obers, Butter und Butterschmalz oft sehr gut verträglich.

Die spezielle Zusammensetzung der Fettsäuren macht Milchfett leicht verdaulich und belastet den Darm nicht (Butter enthält für ein tierisches Fett auch einen relativ hohen Anteil an Ölsäure, die z.B. auch Olivenöl so wertvoll macht).
Da diese Produkte einen sehr hohen Fettanteil haben, kommen die Allergie fördernden Milcheiweiße und auch Milchzucker nur mehr in geringen Mengen oder gar nicht mehr vor.

Von fettreduzierten Produkten (wie „light", „Halbfett") dürfen Sie sich getrost verabschieden. Untersuchungen haben gezeigt, dass sie nicht den gewünschten Effekt, nämlich eine dauerhafte Gewichtsabnahme, erzielen, sondern langfristig eher das Gegenteil bewirken.

Zudem kommen in fettreduzierten Lebensmitteln häufig eine ganze Reihe von Zusatzstoffen zum Einsatz, um das von Fett bewirkte angenehme Mundgefühl nachzuahmen. Speziell in Milchprodukten ersetzt häufig Zucker den Geschmacksträger Fett.

Und die Vitamine?

Frischkostgerichte sind aufgrund ihres hohen Gehaltes an wertvollen Substanzen wie Vitaminen, Mineralstoffen und sekundären Pflanzenstoffen, die dem Körper in unveränderter Form zugeführt werden, sehr hochwertige Speisen.

Die Erfahrung hat gezeigt, dass es Menschen gibt, deren Verdauungstrakt so empfindlich ist, dass Frischkost nicht gut vertragen wird. Das kann sich in Völlegefühl, Blähungen oder unverdauten Stühlen äußern.

Einem sensiblen Darm nützt es also wenig, wenn er das frischeste Obst und Gemüse bekommt, das er nicht verwerten kann und die Inhaltsstoffe ungenutzt ausgeschieden werden. Trotz einer Diät mit vorwiegend gekochten Speisen brauchen Sie keine Angst vor einem Vitamin- oder Mineralstoffmangel haben.

In den Jahrtausende alten Traditionen des Ayurveda und der chinesischen Medizin werden vorwiegend gekochte Nahrungsmittel empfohlen und verwendet. Beachtet man einige Grundregeln, kann sehr nährstoffschonend gekocht werden und die Vitamine, die dem Körper mit gekochtem Essen zugeführt werden, sind dann auch tatsächlich verwert- und verfügbar.
Wenn Sie überdies aus der breiten Palette an Nahrungsmitteln auswählen, die die Natur uns schenkt, sind Nährstoffmängel auch bei überwiegend gekochter Kost sehr unwahrscheinlich.

Tipps für nährstoffschonendes Kochen:

» Verwenden Sie regionale, saisonale und reife Lebensmittel. Das garantiert höchste Frische und ein Maximum an Nährstoffen.

» Waschen, schälen und zerkleinern Sie Obst und Gemüse immer erst direkt vor der weiteren Verarbeitung. Setzen Sie es zerkleinert nicht zu lange Licht und Luft aus.

» Wenn Sie Biolebensmittel verwenden, ersparen Sie sich in vielen Fällen das Schälen. Vitamine, die oft in den Randschichten angereichert sind, werden so genutzt.

» Dünsten, Dämpfen und Braten im Wok schonen die Inhaltsstoffe.

» Kochen Sie Obst und Gemüse mit wenig Wasser, sofern es dann später nicht mitverwendet wird (wie bei Suppen oder Kompott), und bei mittlerer Temperatur.

» Halten Sie die Speisen nicht warm. Kühlen Sie Essensreste möglichst rasch ab und bewahren Sie sie dann bis zur Weiterverwendung im Kühlschrank auf.

» Die Familienmitglieder kommen zu unterschiedlichen Zeiten nach Hause und das Essen wird in mehreren Etappen aufgewärmt? Entnehmen Sie die Speisen portionsweise und wärmen Sie nicht jedes Mal den gesamten Topfinhalt auf. Mit jedem Aufwärmen gehen Nährstoffe verloren.

Mutlos?

Einiges von dem, was bislang Teil Ihrer Ernährung war, wird jetzt wahrscheinlich wegfallen.

Es ist natürlich nicht gesagt, dass Sie nie mehr einen saftigen Braten mit Knödel, eine resche Frühstückssemmel, köstliche Pasta oder ein fruchtiges Joghurt essen dürfen.

Richtungsweisend ist die Grundtendenz Ihrer Ernährung. Wenn Sie Ihrer (angeschlagenen) Verdauung eine Pause gönnen, wird sich das positiv auf Ihr Wohlbefinden auswirken.

Zugegeben: Es kostet etwas Zeit und Aufmerksamkeit, seine Essgewohnheiten umzustellen.

Bis Sie sich mit den neuen Rezepten vertraut gemacht haben, dauert es eine Weile.

Vielleicht werden Sie jetzt das eine oder andere Mal auch im Bioladen vorbeischauen, um bestimmte Lebensmittel zu bekommen.

Sie bereichern Ihren Alltag mit einer Vielzahl neuer Geschmackserlebnisse, bisher selten verwendeten Lebensmitteln und unbekannten Gewürzen.

Sie lernen auch, mit neuen Rezepten zu experimentieren und erweitern so genussvoll Ihren kulinarischen Horizont.

Die Einschränkung, die Ihnen Ihr Körper aufgrund seiner Empfindlichkeit auferlegt, ist nur eine vordergründige: Tatsächlich bietet die Ernährungsumstellung einen Zugewinn an Lebensfreude, bewusster Genussfähigkeit und Gesundheit - wenn Sie sich darauf einlassen!

ESSEN MIT KINDERN

Über die Ernährung von Kindern machen sich Eltern besonders viele Gedanken.

- Isst mein Kind genug?
- Isst es das „Richtige“?
- Warum will es nicht essen?

Sie finden hier eine Reihe von Anregungen, die sich in der Praxis als wertvoll und praktikabel herausgestellt haben.

Übrigens: Was Kindern gut tut, kann auch Erwachsenen nicht schaden!

Den natürlichen Instinkt erhalten

Wer mit Kindern lebt, kennt den Satz bestimmt: „Das mag ich aber nicht!“ Damit artikuliert ein Kind seinen natürlichen Instinkt.

Kinder spüren noch sehr gut, was ihnen bekommt und was nicht. Die große Vielfalt an Lebensmitteln, die wir ihnen in bester Absicht anbieten, ist manchmal eine Überforderung des jungen Organismus.

Es ist auch möglich, dass ein Kind bestimmte Gemüse- oder Obstsorten tatsächlich nicht verträgt und sie deshalb ablehnt. Wenn Ihr Kind zum Beispiel nur Kartoffeln und Karotten, Äpfel und Birnen mag, ist das vollkommen ausreichend. Diese Vorlieben können sich im Lauf der Zeit wieder ändern. Bieten Sie Ihrem Kind immer wieder unterschiedliche Nahrungsmittel an und es wird sich das passende herauspicken.

Mittlerweile ist auch wissenschaftlich bestätigt, dass die Zahl der Unverträglichkeiten stark angestiegen ist.
Der Grund dafür ist eine Überforderung des Verdauungs- und Immunsystems durch das allgemeine Überangebot an Lebensmitteln und die zahlreichen Fertigprodukte, Süßigkeiten, hoch verarbeiteten und konservierten Nahrungsmittel.

Jedes Kind hat ein natürliches Empfinden, was und wie viel ihm gut tut. Um dieses Empfinden nicht zu stören oder gar zu zerstören, muss der Rahmen stimmen.

Natürliche Lebensmittel in einer überschaubaren Varietät erhalten den Instinkt Ihres Kindes. Naschereien, Süßgetränke, Fertigprodukte und ähnliches führen ihn hingegen in die Irre.

„Ich hab' keinen Hunger!"

Wenn Ihr Kind oft appetitlos ist, sorgen Sie dafür, dass es keine Zwischenmahlzeiten zu sich nimmt. Falls sich dann doch der Hunger meldet, bieten Sie ihm etwas Obst (auch als Kompott oder Mus) oder Gemüse an.

Nicht nur für Erwachsene, auch für Kinder ist es gesund, dem Verdauungstrakt zwischendurch eine Pause zu gönnen und ein Hungergefühl zu entwickeln.
Dann schmeckt die nächste Mahlzeit bei Tisch wieder richtig gut.

Machen Sie Essen auf keinen Fall zur „Staatsaffäre" und gehen Sie möglichst entspannt mit dem Thema um.

Verlassen Sie sich auf den Instinkt Ihres Kindes und lassen Sie es bestimmen, wann es genug hat. Das kann durchaus schon nach einer für unsere Maßstäbe sehr kleinen Menge sein!

Wenn Ihr Kind gar nicht essen will, ein ungewöhnlich anmutender Tipp: Lassen Sie es mit den Fingern essen.
Appetitlose Kinder brauchen zum Geruchs- und Geschmacksreiz manchmal zusätzlich noch den taktilen Reiz, damit sie Spaß am Essen haben.

Essen am Familientisch

Wenn Kinder häufig mit der Familie oder zumindest im Beisein einer Bezugsperson essen, wirkt sich das besonders förderlich aus.

Kinder, die in Gemeinschaft essen, sind nicht nur weniger oft übergewichtig.
Sie sind auch ausgeglichener und haben einen größeren Wortschatz als jene, die alleine essen. Außerdem reduzieren die gemeinsamen Mahlzeiten das Risiko von Suchtverhalten und Essstörungen im Jugendalter.

Ein denkbar ungeeigneter „Tischnachbar" für Kinder und Erwachsene ist der Fernseher, da er die Aufmerksamkeit vom Essen ablenkt.
Oder wissen Sie etwa noch, was Sie an einem spannenden Krimi-Abend so alles vertilgt haben?

Ein hübsch gedeckter Tisch, angenehme Gespräche und regelmäßige Essenszeiten sind für Kinder ein bereicherndes Ritual mit weitreichenden positiven Folgen.

Das Auge isst mit

Bieten Sie Ihrem Kind kleine Portionen an. Diese sind leichter überschaubar und entmutigen nicht schon beim ersten Blick auf den Teller, besonders dann, wenn Ihr Kind ein „kleiner Esser" ist.

Kinder lieben alles, was klein ist. Ob Cocktailtomaten, Beeren, Erbsen oder Babykarotten,

Hauptsache es ist klein und handlich. Obststücke (zum Beispiel Apfelspalten) oder Obstspießchen haben schon die größten Obstmuffel überzeugt.

Essen, das mit Liebe gekocht und kindgerecht angerichtet wird, wird auch lieber gegessen.

Nachahmen

„Was nützt die beste Erziehung – Kinder machen uns doch alles nach", sagt ein Sprichwort. Dieses Phänomen kann auch beim Essverhalten beobachtet werden.

- Stört Sie etwas an den Gewohnheiten Ihres Kindes?
- Welche Lebensmittel lehnen Sie selbst ab?
- Sind es etwa die gleichen, die auch Ihr Kind verweigert?

Nehmen Sie sich selbst unter die Lupe. Wer schlingt, „im Vorbeigehen" isst oder ständig zur Süßigkeitenlade pilgert, lebt falsche Verhaltensweisen vor, die Kinder nachahmen.

Viel Lärm um die Diät?

Wenn Ihr Kind Diät halten muss (wegen Allergien, Neurodermitis, Bauchbeschwerden, chronischen Infekten und so weiter), wird das mit Veränderungen einhergehen.

Betonen Sie neben dem Kind nicht ständig, was es nicht mehr essen darf. Es wird die Umstellung keineswegs als Verzicht empfinden, wenn es Alternativen angeboten bekommt. Besonders dann, wenn Sie natürlich und selbstverständlich damit umgehen. Wenn sich die restliche Familie der Umstellung anschließt, hat das betroffene Kind auch nicht den Eindruck, am Tisch ein „Außenseiter" zu sein.

Eine Ernährungsumstellung ist außerdem für die ganze Familie eine Chance, sich gesünder zu ernähren.

Die Schuljause

Gerade für Kinder mit Allergien und Unverträglichkeiten oder Bauchbeschwerden stellt die Schuljause oft eine Herausforderung dar.

Bieten Sie in Stücke geschnittenes Obst oder Gemüse, Waffeln sowie süße und pikante Polentaschnitten an (siehe Anregungen im Rezeptteil).

Sollte Ihr Kind das ablehnen, geben Sie ihm Doppeldecker-Brote aus fein vermahlenem Vollkornmehl mit Butter und Gemüsestreifen oder einem bekömmlichen Aufstrich. Reduzieren Sie Käse und Wurst und lassen Sie Süßigkeiten ganz weg.

Ist Ihr Kind ein ausgeprägter Fleischtiger, nehmen Sie anstelle von Wurst am besten dünn aufgeschnittenen Braten oder Schinken.

Fallbeispiel: Michael, 4 Jahre

Bei Michael, einem vierjährigen Buben, kommt es seit seinem zweiten Lebensjahr in wechselnder Intensität einerseits zu juckenden Hautveränderungen auf den Händen, in den Kniekehlen und den Ellenbeugen, die mit denen der Neurodermitis vergleichbar sind.
Andererseits kommt es zu auffallender Müdigkeit, begleitet von muskulärer Schlaffheit, vermehrter Gereiztheit und reduzierter Aufmerksamkeit zu Hause und später auch im Kindergarten.

Seine Mutter beschreibt für sie ungewöhnliche Phasen der Symptomfreiheit ihres Sohnes während verschiedener Aufenthalte im Ausland und bei Urlauben. In besonders schlechten Perioden fallen der Mutter unverdaute, weiche Stühle auf.

Wir haben den Verdacht geäußert, dass bei Michael vermutlich sehr viele Unverträglichkeiten vorliegen. Die sehr motivierte Mutter ist sofort bereit, das Essen zu Hause umzustellen, jedoch hat sie auf das Mittagessen im Kindergarten wenig Einfluss.
Zusätzlich wird der Mutter angeraten, neben dem Sohn nicht ständig zu erwähnen, was er nun alles nicht mehr essen dürfe.
Sie solle einfach mit gutem Beispiel vorangehen und am Familientisch lauter Gerichte anbieten, die auch für Michael geeignet sind. So verschwindet auch eine Süßigkeitslade, an der sich alle Familienmitglieder zwischendurch bedienen.

Obwohl beide Eltern berufstätig sind, wird nun abends warm gekocht. Da es manchmal auch sehr schnell gehen muss, werden oftmals gleich größere Portionen zubereitet und eingefroren oder im Kühlschrank für den nächsten Tag aufbewahrt.
Die Fertiggerichte, die doch öfter, als den Eltern bewusst war, herhalten mussten, verschwinden ganz konsequent vom Tisch.

Die Mutter selbst nimmt sich auch gerne Essensreste vom Vortag mit in ihr Büro, wo sie diese aufwärmt. Sie spürt, wie gut ihr das warme Essen tut und wie munter sie am Nachmittag ist, seit sie nicht mehr nur Jausenbrote zu sich nimmt.

Nach vier Wochen Essensumstellung kommt die Mutter mit dem recht frisch und wach wirkenden Kind in die Ordination.
Sie berichtet, dass sie die empfohlenen, milden Pflegecremen angewendet hat und die Haut des Kindes mit Mandelölbädern verwöhnt wurde.

Zwischen den Fingern ist die Haut nun gänzlich geschlossen und nicht mehr entzündet. Außerdem sind die geröteten und nässenden Stellen in den Beugen verschwunden.

Der Kindergärtnerin und der Oma sei aufgefallen, dass der Bub muskulär kräftiger ist. Besonders beim Klettern wirkt er viel geschickter und bei Wanderungen ist er auch nicht mehr der Letzte, der müde hinten nachtrottet. Der Stuhl ist gut verdaut.

Die Mutter ist mit den Veränderungen an ihrem Kind sehr zufrieden. Jedoch macht sie sich große Sorgen, da er einen Monat lang nur Kartoffeln, Karotten und manchmal Erbsen gegessen hat

und sich nur zu Marillenmus und Apfelkompott überreden ließ. Selten hat er von anderen Nahrungsmitteln gekostet. Bei einer Geburtstagsfeier habe sie ihn nur mit großer Mühe davon abhalten können, nicht gleich mehrere Kuchenstücke zu essen.
Sie fühlt sich trotz der großen Unterstützung durch die Familie überfordert, ständig das Essen des Kindes zu beeinflussen.

Nach einem langen Gespräch wird für die Mutter Folgendes klar: Erstens ist für ihren Sohn weniger mehr. Das bedeutet, dass Kinder ohne weiteres über einen längeren Zeitraum immer das Gleiche essen können und trotzdem, wie im Fall von Michael, keine Nährstoffmängel auftreten. Das Immunsystem wird durch die reduzierte Lebensmittelauswahl entlastet und die Symptome der Unverträglichkeiten bessern sich bei Kindern sehr rasch.

Zweitens darf die Diät auch wieder gelockert werden. So kann der Bub bei einer Geburtstagsparty so richtig zugreifen. Anschließend soll es ein hochwertiges Abendessen zum Beispiel in Form von Kartoffeln oder Gemüsesuppe zu Hause geben. Somit wird die Situation für die Eltern gleich viel entspannter und das Kind profitiert trotzdem, wenn zu Hause regelmäßig ein gut verträgliches Essen – zumindest einmal am Tag – angeboten wird.
Bei einer neuerlichen Verschlechterung der Symptomatik wird der Mutter angeraten, wieder konsequenter auf das Essen des Kindes zu achten. In diesem Sinne kann es langfristig zu einer Genesung kommen.

ENTSCHLACKUNGSWOCHENENDE FÜR IHR WOHLBEFINDEN

LUST AUF NEUE FRISCHE UND VITALITÄT?

Wie wäre es, wenn Sie ein Wochenende Ihrer Gesundheit widmeten?

Der Versuch lohnt sich und Sie werden von der vitalisierenden Wirkung einer solchen Wochenendkur überrascht sein.

Wichtig ist, dass Sie das Wochenende gut vorbereiten. Erstellen Sie sich einen Menüplan und sorgen Sie dafür, dass Sie alle Lebensmittel zu Hause haben, die Sie brauchen.

Nehmen Sie sich Zeit für sich selbst, planen Sie keine Termine ein. Einfaches Essen, ausreichend Ruhe und viel Bewegung an der frischen Luft, ohne sich dabei zu überanstrengen, sind die Hauptsache an diesem Wochenende.

Derartige Entschlackungswochenenden sind ein wahrer Jungbrunnen und werden auch von Fastern geschätzt, die zwischendurch eine Neujustierung ihres Essverhaltens vornehmen möchten, aber auch bei Übergewicht.
Von Menschen mit empfindlichem Bauch kann diese Ernährungsweise auf mehrere Tage oder Wochen ausgedehnt werden.

Das sollten Sie beim Essen beachten

Den Hauptanteil Ihrer Ernährung sollten weich gekochtes oder lange gebratenes Gemüse und Obst in Form von Kompott oder Mus ausmachen. Halten Sie nach Möglichkeit drei Mahlzeiten pro Tag ein, wobei das Mittagessen Ihre Hauptmahlzeit ist.
Sollten Sie am Morgen noch keinen Hunger haben, reicht es auch, wenn Sie nur Tee, Kompott, Saft oder heißes Wasser trinken.

Die zwischen den Mahlzeiten liegenden Nahrungspausen gönnen dem Verdauungstrakt Ruhe und Erholung. Nutzen Sie diese Pausen um reichlich zu trinken. Geben Sie hier Wasser und Tee den Vorzug.

Übrigens: Wasser muss keineswegs immer kalt getrunken werden! Heißes oder warmes Wasser, eventuell mit einem Scheibchen Ingwer versetzt, ist eine schmackhafte Abwechslung.

Bei starkem Hungergefühl können Sie zwischendurch kleine Portionen Reis, Kompott, Gemüse oder Suppen essen.

Ihr Leitfaden für die Lebensmittelauswahl während der Entschlackungskur

Gemüse

- weich gekocht o. in Butterschmalz gebraten
- nur für Sie verträgliches Gemüse verwenden (z. B. keinen blähenden Kohl), das Sie mit verdauungsfördernden Gewürzen zubereiten
- Gemüse besonders in der kalten Jahreszeit weich kochen oder lange braten
- im Sommer kann in kleinen Mengen auch rohes Gemüse gegessen werden

Salate

- im Sommer alle Sorten mit einem milden Essig/Öl- oder Zitronensaft/Öl-Dressing
- wiederum alle unverträglichen Gemüsesorten weglassen
- rohes Gemüse fein reiben und immer gut kauen, so ist es leichter verträglich
- im Winter das Gemüse kochen, entsprechend zerkleinern und marinieren

Fette

- Butterschmalz ist von allen Fetten am besten zum Anbraten geeignet
- Butter
- kalt gepresstes und unraffiniertes Olivenöl, Rapsöl zum Dünsten
- Leinöl, Kernöl zum Verfeinern von Salaten oder warmen Gerichten
- etwas Obers zum Verfeinern ist erlaubt

Obst

- heimisches Obst je nach Verträglichkeit, zum Beispiel: Birnen, Kirschen, Beerenobst, Äpfel
- kein tropisches Obst (dies ist meist zu sauer)
- weich gekochte Kompotte
- im Sommer ist auch rohes Obst in kleinen Mengen gut verdaulich, besonders Melonen, Marillen, Pfirsiche oder Beerenobst

Trinken

- 2 – 2,5 Liter Flüssigkeit täglich
- Wasser (evtl. mit frischem Zitronensaft)
- Kräuter- oder Gewürztees (Anis, Fenchel, Kümmel, Zimt, Schafgarbe, Kamille, Ingwer)
- keine (aromatisierten) Früchtetees
- milde und hochwertige Säfte mit viel Wasser verdünnt; gut vertragen werden meist Marille, Johannisbeere, Holler und Pfirsich. Verzichten Sie auf (Misch-)Säfte aus tropischen Früchten und auf kohlensäurehältige sowie auf eisgekühlte Getränke

Kohlenhydrathaltige Lebensmittel:

- Reis (bei sehr empfindlichem Darm weißen Reis verwenden)
- Polenta
- Hirse
- Buchweizen
- Kartoffeln

Fallbeispiel: Anita S., 43 Jahre

Anita S., eine 43-jährige Patientin arbeitet halbtags in einer Bank, versorgt zu Hause ihre Familie mit zwei Kindern und schaukelt zusätzlich einen Großteil des Haushaltes.

Seit zwei Jahren beeinträchtigen geschwollene und fallweise schmerzhafte Gelenke (vor allem Knie- und Fingergelenke) ihr Wohlbefinden und schränken zunehmend ihre Freizeitaktivitäten (Wandern und Radfahren) ein.

Durch die entsprechende Abklärung bei Fachärzten konnte eine klassische rheumatische Erkrankung ausgeschlossen werden.

Die Therapieempfehlung war in erster Linie die Gewichtsreduktion wegen ihres Übergewichts von circa 15 Kilogramm.

Aus naturheilkundlicher Sicht wird beim ersten Termin neben lokalen Anwendungen wie Solebädern, Lehm- und Topfenwickeln eine Essensumstellung mit viel weich gekochtem und gebratenem Gemüse und Kompotten empfohlen.

Als Nebeneffekt würde sie bei dieser leichten Schonkost etliche Kilos verlieren, ohne hungern zu müssen.

Die Patientin erzählt, dass sie seit der Geburt ihrer Kinder bereits viele unterschiedliche Diäten ausprobiert hat und es jedesmal nach einer kurzzeitigen Gewichtsreduktion zu einem Jo-Jo-Effekt gekommen ist.
Somit sind in den letzten Jahren noch etliche Kilos dazugekommen. Sie habe nun keine Lust mehr eine weitere „Diät“ zu beginnen.

Um aber die Schmerzen erträglicher zu machen, lässt sie sich auf den Versuch ein, zumindest für einen Monat das leichte, basische Essen auszuprobieren.
Noch dazu gefällt ihr die Idee, sich drei Mal am Tag gut satt essen zu können.

Die Rezepte sprechen sie sehr an, da sie eine leidenschaftliche Köchin ist und Abwechslung in der Küche liebt.
Außerdem lasse sich das besprochene Essen sehr gut mit ihren Kinder, welche sich immer wieder über Reis- und Kartoffelgerichte freuen, und dem Ehemann, dem dann zusätzlich ein Stück Fleisch angeboten wird, vereinbaren.

Mit der Patientin wird besprochen, dass sie sich beim Essen sehr viel mehr Zeit lassen wird und keine Zwischenmahlzeiten mehr zu sich nimmt – schon gar nicht im Stehen in der Küche.

Nach fünf Wochen erscheint Anita S. wieder in der Ordination und das Ergebnis ist für uns und die Patientin extrem erfreulich. Die Beschwerden an den Fingergelenken sind so gut wie weg, an die Knieschmerzen denkt sie gar nicht mehr.

Noch dazu berichtet sie, dass als Nebeneffekt ihre Haut im Gesicht bei weitem nicht mehr so talgig und fettig ist. Sie persönlich freut jedoch am meisten, dass sie neun Kilo abgenommen hat, ohne an lästigem Hungergefühl zu leiden.

In den letzten Tagen verspüre sie aber auch wieder einmal die Lust, mit ihrem Mann ein Gläschen Wein zu trinken oder einen Eisbecher zu schlemmen.

Mit der Patientin wird vereinbart, dass sie die Schonkost lockern und sich ruhigen Gewissens auch eine „Sünde" gönnen darf.
Falls aber alte Gewohnheiten wieder zu sehr in den Vordergrund drängen, soll sie wieder einige konsequente Wochen mit leichtem, basischem Essen einlegen.
Sie weiß ja nun, wie einfach das geht.

IHR TRINKVERHALTEN: EIN ENGLISCHER REGEN ODER EIN TROPISCHER MONSUN?

Wasser ist Leben. Der Körper braucht ausreichend Flüssigkeit, damit er fit und leistungsfähig bleibt und alle Stoffwechselvorgänge reibungslos ablaufen können.

Nicht nur was Sie trinken, spielt eine Rolle, sondern auch wie Sie trinken: über den Tag verteilt oder einen Großteil abends, weil Sie tagsüber keine Zeit zum Trinken hatten?

Denken Sie an den sprichwörtlichen englischen Regen: Kontinuierlich rieselt er in kleinen Mengen, der Boden kann die Wassermenge halten und speichern. Die Natur ergrünt und erblüht.

Oder an den indischen Monsun, der innerhalb kurzer Zeit riesige Wassermengen bringt, die der Boden aber nicht mehr aufnehmen kann und die somit ungenutzt abfließen.

„Bewässern" Sie auch Ihren Körper regelmäßig und in kleinen Mengen nach dem Vorbild des englischen Regens.

Die Tabelle rechts bietet Ihnen Orientierung.

Machen Sie es sich zur Angewohnheit, bereits vor dem Frühstück zu trinken. Das gibt Ihnen einen „Trinkvorsprung" und hat zusätzlich entschlackende Wirkung.

In der Früh ist der Körper nämlich nach der Fastenphase der Nacht auf Ausscheidung eingestellt. Es haben sich Stoffwechsel-Endprodukte angesammelt, die Sie am Morgen mit Hilfe von Wasser oder Tee ausscheiden können.

Wenn Sie gleich nach dem Aufstehen feste Nahrung zu sich nehmen, stellt der Stoffwechsel von Ausscheidung auf Aufnahme um. Was der Körper eigentlich entsorgen möchte, kann er nun nicht mehr loswerden.

Kleine Trinkhilfe

Zeit	Getränk	Menge
vor dem Frühstück	1 Tasse Tee, 1 Glas Wasser	0,5 Liter
Frühstück	1 Tasse Tee	0,25 Liter
Vormittag	2 Gläser Wasser	0,5 Liter
Mittagessen	1 Glas Wasser	0,25 Liter
Nachmittag	1 Glas Wasser, 1 Tasse Tee	0,5 Liter
Abendessen	1 Tasse Tee	0,25 Liter
Abend	1 Glas Wasser, 1 Tasse Tee	0,5 Liter
Summe		2,75 Liter

LEBENSQUALITÄT DURCH LEBENSMITTELQUALITÄT

Hochwertige Lebensmittel sind die Basis für einen gesunden Körper.

Die Grundpfeiler für solche qualitativ hochwertigen Lebensmittel sind dabei Saisonalität, Regionalität, Bioqualität und Frische.

Eine ausführliche Auseinandersetzung mit diesen Themen würde den Rahmen des Buches sprengen. Einige grundsätzliche Anregungen möchten wir Ihnen aber gerne mit auf den Weg geben.

Saisonal

Jede Jahreszeit bietet ihre Leckerbissen.
Der Körper ist an saisonales Angebot angepasst. So finden die meisten Menschen wasserreiches Obst und Gemüse wie Gurken, Tomaten, Salat und Erdbeeren im Sommer besonders „erfrischend".

Im Winter wärmt und nährt zum Beispiel ein üppiger Eintopf aus diversen Wurzelgemüsen. Wenn Sie auf das saisonale Angebot achten, bringt das Abwechslung auf den Teller und Sie werden bestens mit Nährstoffen versorgt sein. Außerdem sind saisonale Lebensmittel auch preisgünstiger.

Regional

Wissen Sie, wo Ihre Lebensmittel herkommen? Alleine das durchschnittliche Frühstück mit Brot, Butter, Marmelade, Schokocreme, Kaffee und Orangensaft hat bereits bis zu 25.000 km hinter sich, bis es bei uns am Frühstückstisch landet.

Es lohnt sich aus mehreren Gründen, auf regionale Produkte zu achten.

» Heimisches Obst und Gemüse kann durch die kurzen Transportwege reif geerntet werden. Das garantiert ein Optimum an Geschmack und Nährstoffen.

» Kurze Transportwege schonen die Umwelt und halten den sogenannten „ökologischen Fußabdruck" klein.

» Tropisches Obst und Südfrüchte sind für viele nicht gut verträglich. Genetisch sind wir am besten an das angepasst, was bei uns wächst und uns somit schon seit langer Zeit als Nahrungsquelle dient.

» Es macht Spaß, die Angebote der Bauern in der Umgebung zu entdecken. Kreative und mit viel Sorgfalt erzeugte Köstlichkeiten sind eine Bereicherung für Ihren Speiseplan.

Biologisch

Die Vorteile biologisch erzeugter Lebensmittel sind heute unumstritten.
Mehr Geschmack, weniger Schadstoffe, produziert im Einklang mit Mensch und Natur. Biolebensmittel sind selbst im Supermarkt oder Diskonter zu einer Selbstverständlichkeit geworden.

Nutzen Sie dieses Angebot und treffen Sie bewusste Kaufentscheidungen.

Wenn Sie bis jetzt noch keine Biolebensmittel verwendet haben und Sie Ihren Einkauf nicht vollständig umkrempeln möchten, dann gehen Sie schrittweise vor: Suchen Sie sich eine Lebensmittelgruppe, etwa Fleisch, aus, die Sie dann nur mehr „Bio“ kaufen.

Sie werden sehen, dass Sie Geschmack und Qualität bald überzeugen werden. Nach und nach können Sie dann auch andere Lebensmittelgruppen auf Bioqualität umstellen.

Frische Lebensmittel

Verwenden Sie frisches – oder im Winter – lagerfähiges Obst und Gemüse und verbannen Sie Fertigprodukte und Industrieware aus Ihrer Küche.

Jede Art der Haltbarmachung geht mit einer Nährstoffminderung einher. Ausnahmen bestätigen auch hier die Regel: Bei der Milchsäuregärung (zum Beispiel beim Sauerkraut) steigt der Nährstoffgehalt zum Teil.

Besonders hohe Nährstoffverluste treten beim Eindosen und Trocknen von Gemüse (wie Gemüse in Fertigsuppen) auf.
Dosenobst und -gemüse verliert bis zu 90 Prozent seines Vitamin C-Gehaltes und ebenso viel bei den Vitaminen der B-Gruppe.

Trockenfrüchte hingegen, die nicht zerkleinert werden, sind eine wertvolle Ergänzung auf dem Speiseplan.

Wenn Gemüse rasch verarbeitet und sofort fachgerecht tiefgekühlt wird, ist das eine sehr nährstoffschonende Konservierungsart.
Je länger Gemüse allerdings tiefgekühlt gelagert wird, umso höher sind auch hier die Nährstoffverluste. Achten Sie deshalb auf das Haltbarkeitsdatum oder beschriften Sie Ware aus dem Eigengarten. Spätestens nach einem halben Jahr sollten Sie Tiefkühlgemüse aufbrauchen.

WAS SONST NOCH WICHTIG IST

Gut gewürzt

Salz ist kostbar und gibt Speisen erst den richtigen Kick. Es wäre auch aus gesundheitlicher Sicht nicht sinnvoll, gänzlich auf Salz zu verzichten.

In der bei uns üblichen Ernährung findet sich jedoch häufig zu viel Salz, besonders dann, wenn Fertiggerichte, Dosengemüse, Brot, Wurstwaren und Käse ein fixer Bestandteil Ihrer Ernährung sind.

Diese Lebensmittel enthalten vergleichsweise viel Salz, das wir zusätzlich und fast unbemerkt aufnehmen.

Die Empfehlung für die tägliche Salzzufuhr liegt bei 6 g. Der Durchschnittsösterreicher nimmt 9 - 13 g, also doppelt so viel auf.
Der Salzkonsum ist nur dann wirklich zu kontrollieren, wenn Sie viel selbst zubereiten.

Experimentieren Sie mit Gewürzen und Kräutern! Stocken Sie Ihr Gewürzregal auf und trauen Sie sich ruhig, neue Geschmacksrichtungen auszuprobieren.

Riechen Sie in unterschiedliche Gewürz- und Kräuterdöschen hinein und verwenden Sie jene Würzzutaten, die für Sie gut duften.

An manchen Tagen werden Sie scharf und bunt würzen, an anderen eher mild und sparsam und dabei den köstlichen Eigengeschmack der Hauptzutaten genießen.

Als Anregung kann Ihnen die Übersicht auf der rechten Seite dienen.

Es ist nicht notwendig, immer alle Gewürze zu verwenden - im Gegenteil!

Asiatisch gewürzte Gerichte vertragen gut viele verschiedene Gewürze. Ansonsten würzen Sie eher nur mit wenig unterschiedlichen Gewürzen, dafür aber ruhig in größeren Mengen.

BASIS-ZUBEREITUNG FÜR GEMÜSEGERICHTE

	italienisch mediterran	asiatisch indisch	traditionell	mexikanisch
Kräuter	Thymian Basilikum Oregano Rosmarin Bohnenkraut Piment Lorbeer	Kreuzkümmel Chili schwarze Senfkörner gelbe Senfkörner Koriandersamen Nelken Zimt Kardamom Piment Curry Gelbwurz (Kurkuma) Zitronengras	Kümmel Majoran Muskat Galgant Liebstöckel Lorbeerblätter evtl. Fenchel Wacholder Piment	Koriander Chili Kreuzkümmel Vanille Zimt
Würzgemüse	Zwiebel Knoblauch	Zwiebel Knoblauch Ingwer	Zwiebel Knoblauch	Zwiebel Knoblauch Paprika
Sonstiges	Olivenöl Zitronensaft	Sesamöl Ghee (Butterschmalz) Sojasauce	Butter Obstessig Weinessig	Zitronensaft Olivenöl
Salz	Meer- oder Steinsalz			
Pfeffer	besonders aromatisch ist frisch gemahlener, bunter Pfeffer			

Gut gekaut ist halb verdaut

Oft essen wir in Hektik, schnell zwischen zwei Terminen oder abgelenkt durch Fernseher und Geschäftsgespräche.

Besonders Menschen mit sensibler Verdauung werden merken, dass ihnen das gar nicht gut bekommt – schnell machen sich die bekannten Symptome bemerkbar.

Messen Sie Ihren Mahlzeiten mehr Wert bei.

So können Sie lernen, wieder zu spüren, was Ihnen gut bekommt:

Entspannen Sie sich kurz, bevor Sie zu essen beginnen, indem Sie sich gut hinsetzen und ein paar Mal durchatmen.

Wenn Sie Ihr Essen genießen möchten, nehmen Sie sich ausreichend Zeit dafür. Genuss und Eile vertragen sich nicht.

Nehmen Sie Ihre Mahlzeit in kleinen Häppchen zu sich und zerkauen Sie diese bis zur letzten Faser.

Das kann einige Zeit in Anspruch nehmen und kommt Ihnen anfangs sicher recht ungewohnt vor. Der Magen hat jedoch keine Zähne und alles, was vom Mund erledigt wird, entlastet Magen und Darm.
Legen Sie das Besteck zwischendurch immer wieder ab und leeren Sie Ihren Mund, bevor Sie ein weiteres Stück abschneiden. Warten Sie einige Minuten, bevor Sie sich nachnehmen und fragen Sie sich, ob Sie nicht schon satt sind und Sie aus reiner Gewohnheit oder Höflichkeit ein weiteres Mal zulangen würden.

Wenn Sie so essen, stellt sich nach einer Mahlzeit ein gutes, zufriedenes Sattheitsgefühl ein. Alle Geschmacksrichtungen sind befriedigt, auch die Lust auf etwas Süßes. Anschließend fühlen Sie sich wieder leistungsbereit und haben Ausdauer und Kraft.

Fühlen Sie sich nach dem Essen überfüllt und unwohl, ist das auch ein Zeichen dafür, dass sie wahrscheinlich zu schnell und/oder zu viel gegessen haben und das Essen in zu großen Stücken in den Magen gelangt ist.

In Ruhe eingenommenes und gut gekautes Essen hat einen weiteren angenehmen Effekt:
Es wirkt sich positiv auf das Stuhlverhalten aus. Blähungen, Verstopfung oder Durchfall können auf diese völlig unspektakuläre Weise deutlich gebessert werden.

Aufmerksam essen – Tischkultur

Essen macht mehr Spaß, wenn es hübsch angerichtet auf einen einladend gedeckten Tisch kommt. Es muss nicht jeden Tag der Festtagstisch sein – im Gegenteil.
Aber Sie können das tägliche Essen zu einem Fest machen, wenn Sie nur eine Kerze anzünden und eine Serviette aufdecken.

Lassen Sie sich nicht durch Fernseher, Zeitung oder intensive Gespräche vom Essen ablenken. Die Mahlzeiten können eine ganz bewusst erlebte Zeit mit der Familie sein, wenn Sie bei Tisch die Erlebnisse des Tages austauschen. Animieren Sie Ihre Kinder zum Essen am Familientisch, denn bewusst gestaltet ist Essen nicht allein Nahrungsaufnahme, sondern jedes Mal eine Streicheleinheit für die Seele.

Im Überblick

Die Tabelle auf der nächsten Seite zeigt Ihnen im Überblick für Ihren jeweiligen Bauchtyp, welche Lebensmittel Sie in welcher Form bevorzugt zu sich nehmen sollten.
Über all dem steht die Lebensmittelqualität und die Art der Zubereitung sowie die Art der Nahrungsaufnahme.

All das gemeinsam ergibt die heilsame Kombination für Ihren Bauch.

BEKÖMMLICHES ESSEN LEICHT GEMACHT

LEBENSMITTELQUALITÄT

MENGE	sehr viel Gemüse	sehr viel Obst	viel Getreide/Hülsenfrüchte
DER KRANKE BAUCH: hoch empfindlicher, geschädigter Magen-Darm-Trakt	Karotte, Kürbis, Kartoffel, Fenchel, Sellerie, Pastinaken, Fenchel, Rote Rübe; immer gekocht	selbst gemachte Kompotte aus Birnen, Marillen, Heidelbeeren, Holunderbeeren	weißer Reis, Hirse
DER EMPFINDLICHE BAUCH: sensibler Magen-Darm-Trakt und Folgeerkrankungen	Gemüse gekocht und gebraten, kreativ gewürzt; eventuell mit etwas Obers verfeinert	Obst in Form von Kompott oder Mus	gut verträgliche, glutenfreie Getreide: Reis, Hirse, Quinoa, Polenta, Buchweizen Hülsenfrüchte gekocht
DER GESUNDE BAUCH: unempfindlich, starke Verdauungskraft	jedes Gemüse; roh und gekocht, kräftig kreativ gewürzt, mit Kräutern verfeinert	alle Obstsorten, roh und gekocht	alle Getreidearten, roh und gekocht, Vollkornqualität; Hülsenfrüchte gekocht oder gekeimt

Heilsames Essen heißt: Frische Produkte aus der

	wenig/hochwertig Fette/Öle	sehr wenig Fleisch/Fisch/Milchprodukte	sehr wenig Süßes
	Butterschmalz		
	Butterschmalz, Butter, Obers		
	hochwertige, kalt gepresste pflanzliche Öle, Butter, Obers, Butterschmalz	wenn, dann bevorzugt weißes Fleisch, wenig rotes Fleisch, ab und zu Fisch gebraten, gedünstet, gekocht, gegrillt; Kuhmilchprodukte meiden, eventuell Milch von Ziege und Schaf	Trockenobst, Nüsse, Bitterschokolade; hausgemachte Mehlspeisen aus Vollkornmehl (Dinkel statt Weizen) oder Maismehl; Honig statt Zucker; mit viel Obst

Region, bunte Gewürze und Zeit zum Genießen.

Kleiner Aufwand – große Wirkung!

Gesunde Ernährung soll entlasten und nicht belasten – auch nicht Ihr Zeitbudget.

Mit etwas gutem Willen und ein wenig Planung gelingt die Umsetzung sicher.

In der Tabelle rechts finden Sie einen Vorschlag für drei Tage, wie sie Ihren Essalltag organisieren können – effektiv, zeitsparend und trotzdem ganz ohne Fertiggerichte, Take away und Zustelldienst.

Mehr Ideen für schnelles und gesundes Essen

» Gemüsesuppe vorkochen und portionsweise einfrieren
» vom Abendessen immer gleich mehr kochen und am nächsten Tag zum Aufwärmen in die Arbeit mitnehmen
» Menüplan für die ganze Woche erstellen
» ein Mal pro Woche (entsprechend dem Menüplan) einen Großeinkauf machen
» Minimalausstattung – das sollten Sie immer zu Hause haben: Polenta, Hirse, Kartoffeln, Gewürze, Karotten, Äpfel, Rosinen, Honig, Zitronen
» 4 – 5 einfache, schnelle Gerichte aneignen, die ohne Aufwand und Rezept gekocht werden können, wenn die Zeit knapp ist

Sie haben zu viel gekocht?

Frieren Sie es ein oder bewahren Sie es maximal zwei Tage im Kühlschrank auf.

Ihre selbst gemachten „Fertiggerichte“ leisten gute Dienste, wenn Sie schnell sich oder die Familie versorgen müssen.

Und selbst wieder aufgewärmt oder tiefgefroren ist es immer noch verträglicher als die klassische Brot-Wurst-Käse-Jause oder das Fertiggericht aus dem Supermarkt.

HINWEIS

Halten Sie Ihre Speisen nicht warm, sondern kühlen Sie übrig gebliebenes Essen möglichst schnell ab und bewahren Sie es abgedeckt im Kühlschrank auf.

Verzehren Sie die Reste nach maximal zwei Tagen, weil sonst die Keimbelastung zu stark ansteigen könnte.

Eingefrorenes sollte nach einmaligem Auftauen verzehrt werden.

TIPP: SCHNELL UND EINFACH GEKOCHT FÜR DREI TAGE

	Frühstück	Mittagessen	Abendessen
Tag 1			• eine größere Menge Gemüsesuppe zubereiten • einen Teil gleich essen, einen Teil zum Mitnehmen am nächsten Tag • Kompott zubereiten
Tag 2	• 3 Portionen Hirse kochen • einen Teil zum Frühstück mit Kompott essen • Suppe vom Vortag einpacken und ins Büro mitnehmen	• Gemüsecreme-suppe	• größere Menge von einem beliebigen Gemüse zubereiten und zur Hirse essen
Tag 3	• 2 Portionen Polenta kochen • einen Teil cremig zum Frühstück mit frischen, klein geschnittenen Früchten oder Kompott essen • den zweiten Teil auf ein-Backblech streichen und auskühlen lassen	• Hirse mit Gemüse vom Vortag aufwärmen	• Polenta vom Morgen in Öl anbraten, Gemüse dazu zubereiten • Getreidecremesuppe herstellen für den nächsten Tag zum Mitnehmen in die Arbeit

KLEINE HAUSAPOTHEKE

Was unsere Großmütter noch häufig praktizierten und auch Kräuterkundige wie Pfarrer Kneipp oder Kräuterpfarrer Weidinger bereits wussten, wird mit der derzeitigen Wiederbelebung der Traditionellen Europäischen Medizin wieder aktuell.

In der folgenden Übersicht finden sie eine Auswahl an Kräutern und Anwendungen, die Ihnen bei kleinen Beschwerden und Unwohlsein helfen können.

Wir haben auf Zutaten geachtet, die Sie wahrscheinlich ohnehin schon im Gewürzregal oder in Ihrem Teesortiment haben. Ansonsten ist eine Aufstockung immer lohnend. Probieren Sie natürliche Kräuter aus, bevor Sie zu Medikamenten greifen. Sie werden sehen, dass sich damit erstaunliche Erfolge erzielen lassen!

Vergessen Sie nicht, dass sich in (Heil-)Pflanzen hochwirksame Inhaltsstoffe befinden. Eine sparsame und wohlüberlegte Dosierung ist hier genauso angezeigt wie bei einem verschriebenen Medikament.

Auch Kräuter sollten Sie nicht nach dem Motto „Viel hilft viel“ anwenden!

Hinweis:

Schmeckt ein Heilkraut bitter, ist das oft ein Hinweis auf seinen Anwendungsbereich, nämlich den Magen-Darm-Trakt sowie Leber und Galle.

Sämtliche bitter schmeckende Magenkräuter können mit Ringelblumenblüten, Malvenblättern, Anis, Melisse, Koriander und Fenchel geschmacklich verfeinert werden.

Magentees sollten nie stark bitter schmecken, da die Bitterstoffe sonst reizend auf die Schleimhaut wirken.

INDIKATION	HEILKRAUT	ANWENDUNG	ANMERKUNG
Magenentzündung, gereizter Magen	echte Kamille	3 - 4 Tassen Tee über den Tag verteilt	
	Pfefferminze	3 - 4 Tassen Tee zwischen den Mahlzeiten	nur 1 - 3 Minuten ziehen lassen
chronische Gastritis	Ingwer	vor den Mahlzeiten 1 Tasse Tee trinken	eine 1 cm dicke Ingwerscheibe mit 1,5 l Wasser übergießen, 5 Minuten auf der Herdplatte ziehen lassen
	Tausendgüldenkraut	vor den Mahlzeiten 1 Tasse Tee trinken	1 Messerspitze Kraut mit 1 l heißem Wasser übergießen, 5 min ziehen lassen
	Leinsamen	mehrmals täglich 1 Tasse Leinsamenschleim	1 - 2 EL geschroteten Leinsamen über Nacht in einem 1/2 l Wasser einweichen, am Morgen aufkochen, abseihen
Darmentzündung, Reizdarm	Echte Kamille	3 - 4 Tassen Tee über den Tag verteilt	
	Fenchel	3 – 4 Tassen über den Tag verteilt trinken	1 TL zerkleinerte Fenchelsamen mit 1 l heißem Wasser übergießen, 5 min ziehen lassen, abseihen
	Kümmel	1 Tasse zu den Mahlzeiten trinken	1 TL zerkleinerten Kümmel mit 1 l heißem Wasser übergießen, 5 min ziehen lassen
	Pfefferminze	3 - 4 Tassen Tee zwischen den Mahlzeiten	

INDIKATION	HEILKRAUT	ANWENDUNG	ANMERKUNG
Blähungen	Fenchel	wie auf Seite 53	
	Kümmel	wie auf Seite 53	
	Anis	3 – 4 Tassen Tee über den Tag verteilt trinken	1 TL zerstoßene Anissamen mit 1 l heißem Wasser übergießen, 10 min ziehen lassen, eventuell mit Kümmel, Fenchel und/oder Koriander mischen
	Koriander	3 – 4 Tassen Tee über den Tag verteilt trinken	1 TL zerstoßene Koriandersamen mit 1 l heißem Wasser übergießen, 10 min ziehen lassen
Durchfall	getrocknete Heidelbeeren	3 – 4 Tassen kalten Tee über den Tag verteilt schluckweise trinken	3 EL Beeren mit 1 l Wasser aufkochen, auskühlen lassen
	Brombeerblätter	3 – 4 Tassen Tee über den Tag verteilt trinken	1 TL Blätter mit 1 l heißem Wasser übergießen, 10 min ziehen lassen
chronische Verstopfung	Leinsamen	2 – 3 mal täglich eine Schale Leinsamen-Frucht-Kompott essen	2 Birnen oder 250 g Rhabarber mit 3 EL geschrotetem Leinsamen zu Kompott verarbeiten
	Sauerkrautsaft	alle 2 Stunden 1/8 l Sauerkrautsaft und 1/2 l warmes Wasser trinken	
Wichtig: Bei chronischer Verstopfung neben ausreichender Ballaststoffaufnahme immer auf reichliche Flüssigkeitszufuhr (3 l täglich) achten und Speisen etwas öliger zubereiten als sonst			
Leber/Galle	Schafgarbe	3 – 4 Tassen Tee über den Tag verteilt trinken	1 TL Kraut mit 1 l kochendem Wasser übergießen, 5 min ziehen lassen

REZEPTE

Was Sie wissen sollten, bevor Sie loslegen

Die Rezepte sind, falls nicht anders angegeben, für vier Personen bemessen.
Der leichteren Lesbarkeit wegen ist in den Rezepten Milch, Honig und dergleichen angegeben. Je nach Verträglichkeit und persönlicher Vorliebe verwenden Sie Ihr Lieblings-Ersatzprodukt (etwa Wasser mit Obers vermischt oder Reismilch) und Ihr bevorzugtes Süßungsmittel. Vielleicht stoßen Sie auf Kräuter und Gewürze, die Sie nicht zu Hause haben. Diese können teilweise weggelassen werden. Es lohnt sich aber auf alle Fälle, das Gewürzregal aufzustocken – das bringt frischen Schwung in die Küche und dem Gaumen neue Geschmackserlebnisse!

In den Rezepten sind der Einfachheit halber nur Olivenöl, Sonnenblumenöl (oder auch nur Öl) angegeben. Wenn Sie Spezialöle (Nussöle, Leinöl, Distelöl oder Kürbiskernöl) zu Hause haben, können Sie selbstverständlich auch diese einsetzen! Verwenden Sie die Spezialöle nur unerhitzt (für Salate, Frischkost oder zum Verfeinern am Ende des Kochvorgangs). Zum Braten und Backen eignen sich Olivenöl, Rapsöl und vor allem Butterschmalz.

Öle sollten kaltgepresst und unraffiniert sein. Diese enthalten noch alle wertgebenden Bestandteile in unveränderter und für den Körper zuträglicher Form. Ein raffiniertes Öl erkennen Sie an dessen langer Haltbarkeit und am neutralen Geschmack. Ein qualitativ hochwertiges Öl hingegen schmeckt unverkennbar nach der Ölsaat, aus der es gewonnen wurde. Stellen Sie Getreide mit der doppelten bis 2,5-fachen Menge Wasser oder Gemüsebrühe auf. Lassen Sie es dann 2 – 3 Minuten wallend kochen und schließlich auf kleiner Flamme ausquellen. Wenn Sie dem Getreide Zeit geben um auszuquellen, wird es nicht nur schmackhafter, sondern auch bekömmlicher.

Polenta nimmt sehr viel Wasser auf! Rühren Sie deshalb Polenta in die 3fache Menge kochendes Wasser ein. Damit der Maisbrei dann nicht wässrig schmeckt, geben Sie ein kleines Stückchen Butter und Salz ins Wasser.

Das richtige Maß finden: Bei vielen Rezepten ist die Maßeinheit eine Tasse oder ein Häferl. Großteils haben wir auf genaue Grammangaben verzichtet. Wenn Sie wenig Kocherfahrung haben, kann Sie das anfangs irritieren.
Doch genau so unterschiedlich wie die persönliche Verträglichkeit ist auch die individuelle Menge, die jeder und jede braucht. Rasch werden Sie heraus finden, ob Sie eine größere oder kleine Tasse brauchen, um sich und Ihre Familie satt zu bekommen. Wieder spüren zu lernen, wie viel genug ist, ist uns ein großes Anliegen.

Verstehen Sie die Rezepte als Anregung. Wenn Sie bestimmte Zutaten nicht mögen, lassen Sie sie weg oder ersetzen Sie diese. Seien Sie ruhig mutig und variieren Sie nach Lust und Laune.

Die Symbole , , sind Ihr Leitfaden durch den Rezeptteil und zeigen, für welchen Bauchtyp das jeweilige Rezept geeignet ist.

WARMES HIRSEMÜSLI

1 Tasse Hirse abgemessen
2 Tassen Wasser
eine Prise Salz
Rosinen nach Geschmack, ersatzweise andere Trockenfrüchte
frisches Obst nach Wahl/Saison mundgerecht zerkleinert
etwas Zimt
Honig
eventuell geröstete Kürbis-, Sonnenblumenkerne, Sesam o. ä.
eventuell etwas Obers geschlagen

Die Hirse mit der doppelten Menge Flüssigkeit, einer Prise Zimt, Salz und den Rosinen einmal aufkochen und circa 25 Minuten zugedeckt auf kleinster Flamme ausquellen lassen.
Kleingeschnittenes Obst unterrühren und nach Geschmack mit Honig süßen. Auf Müslischalen aufteilen und nach Belieben mit Obers und gerösteten Kernen verfeinern.

TIPP: Wer kein rohes Obst verträgt, kocht es einfach mit der Hirse mit oder bereitet sich separat ein Kompott zu.

MÄRCHENHAFTER HIRSEBREI

1 Tasse geschrotete Hirse abgemessen
2,5-fache Menge Wasser
eine Prise Salz
Zimt
1 Prise Nelkenpulver
1 EL Nussmus ersatzweise geriebene Nüsse
Honig

Wasser mit den Gewürzen und Salz aufkochen. Die Hirse einrieseln lassen und mit dem Schneebesen kräftig rühren, damit keine Klumpen entstehen.
Etwa 2 Minuten auf kleiner Flamme und unter ständigem Rühren kochen. Vom Feuer nehmen und nachquellen lassen. Das Nussmus einrühren und mit Honig fein abschmecken.

HIRSE MIT ROHEM APFELMUS

2 Tassen Hirse
4 Tassen Wasser
eine Prise Salz
Rosinen nach Geschmack
Zimt, Vanille für das Mus
Saft einer halben Zitrone
2 reife Bananen zerdrückt
2 Äpfel geraspelt
Honig
1/2 Becher Obers geschlagen

Die Hirse mit der doppelten Menge Wasser, Salz, den Gewürzen und Rosinen aufkochen und auf kleiner Flamme ausquellen lassen. Die Hirsekörner sollten aufgeplatzt und weich sein.

Das vorbereitete Obst mit Zitronensaft beträufeln, um ein Braunwerden zu verhindern und mit Zimt und Vanille würzen. Unter das Obers ziehen. Nach Belieben mit etwas Honig abschmecken (wenn die Banane sehr reif und damit süß ist, erspart man sich den Honig). Die warme Hirse mit dem Apfel-Bananenmus servieren.

Einige rote Früchte, etwa Beeren oder Kirschen, oder ein Teelöffel rote Marmelade sorgen für einen hübschen Farbtupfer.

TIPP: Robuste Bäuche können anstatt des geschlagenen Obers die Früchte auch mit Joghurt mischen.

AMARANTHCREME

100 g Amaranth fein gemahlen
3/8 l Wasser
1/4 Becher Obers geschlagen
1 – 2 reife Bananen fein zerdrückt
3 EL gemahlene Haselnüsse
Beeren, Früchte der Jahreszeit

Amaranth in das heiße Wasser einrühren, einmal aufkochen und bei niedriger Wärmezufuhr circa 15 Minuten ausquellen lassen. Bananenmus in den abgekühlten Brei mengen, Haselnüsse zugeben. Zuletzt nach Belieben das Obers unterrühren.
Mit Beeren oder Früchten der Jahreszeit garnieren.

HIRSE MIT PETERSILIE UND BUTTER

1 Tasse Hirse
2,5-fache Menge Gemüsebrühe
Butterflöckchen
etwas Salz
reichlich Petersilie fein gehackt

Hirse mit der 2,5-fachen Menge Gemüsebrühe aufstellen. Einmal aufkochen, dann die Temperatur stark reduzieren und ausquellen lassen.
Mit etwas frisch gemahlenem Pfeffer und einer Prise Salz abschmecken. Die warme Hirse auf einen Teller häufen. Butterflöckchen auf die Hirse geben und mit reichlich Petersilie bestreuen.

TIPP: Variieren Sie mit anderen Kräutern oder Kräutermischungen, etwa Basilikum, Thymian, Oregano oder diverse Wildkräuter. Wer es gut verträgt, kann dieses Gericht noch mit einem weich gekochten, geschälten Ei ergänzen. Lecker!

QUINOA MIT CHAMPIGNONS UND AVOCADO

1 Tasse Quinoa heiß gewaschen
2 Tassen Gemüsebrühe
Petersilie frisch, gehackt
etwas Olivenöl
100 g Champignons geputzt in Scheiben geschnitten
Salz
Pfeffer
Paprikapulver
1 Avocado geschält, geviertelt
Zitronensaft

Etwas Öl in einen Topf geben, die Champignons darin anbraten. Quinoa zugeben und mit Gemüsebrühe wie Reis gar kochen (nach 5 Minuten die Hitzezufuhr reduzieren und ausquellen lassen). Mit Salz, Pfeffer und dem Paprikapulver würzen.

Auf einem Teller ein Avocadoviertel anrichten, mit Zitronensaft beträufeln. Das Quinoagericht auf der anderen Tellerhälfte anrichten und mit reichlich Petersilie bestreuen.

WARME POLENTA MIT ÄPFELN UND ROSINEN

1 Tasse Polenta
3 Tassen Wasser
eine Prise Salz
1 TL Butter
etwas Traubensaft ersatzweise Wasser
etwas frisch geriebener Ingwer
Rosinen nach Geschmack
2 Äpfel klein geschnitten
Zimt
Kardamom gemahlen
1 Spritzer frischer Zitronensaft

Wasser mit Salz und Butter aufkochen und die Polenta unter ständigem Rühren einrieseln lassen. So lange weiter rühren, bis eine cremige Masse entsteht.

In einem Topf Traubensaft erwärmen, Rosinen und Gewürze zugeben. Apfelstücke beifügen und etwas mitdünsten. Mit dem Zitronensaft abschmecken.
Polenta in eine Schale geben und mit den Äpfeln anrichten.

IDEEN FÜR OBSTKOMPOTT

verträgliche Früchte der Saison (Apfel, Birne, Pfirsich, Marille, Beeren, Kirschen, Rhabarber, etc.)
Wasser
Zimt
Gewürznelken
Piment
Honig
Saft von 1/2 - 1 Zitrone
eventuell Rosinen ersatzweise andere Trockenfrüchte, klein geschnitten

Das Obst gegebenenfalls schälen und in mundgerechte Stücke schneiden. Beeren waschen. Wasser mit den Gewürzen und den Trockenfrüchten zum Kochen bringen. Obst und Zitronensaft dazu geben, aufwallen und dann auf der ausgeschalteten Herdplatte nachziehen lassen.
Die Zeit dafür richtet sich nach dem verwendeten Obst (Beeren sehr kurz, Birnen etwas länger). Mit Honig süßen.

TIPP: Zu Hirse, Polenta, Dinkelbrei oder Buchweizenwaffeln servieren. Kompott eignet sich auch als leichtes Dessert oder als bekömmliche Zwischenmahlzeit.

VARIANTE:
Mischen Sie Apfel- oder roten Traubensaft 1:2 mit Wasser. Das gibt eine schmackhafte Variante.

FRISCHKOST UND SALATE

KAROTTEN-APFEL-FRISCHKOST

3 Karotten geraspelt
1 Apfel gewürfelt
Saft einer 1/2 - 1 Zitrone
1/2 TL Honig
Öl
eventuell Sprossen
einige gehackte Walnüsse

Karottenraspel und Apfelwürfel mischen. Aus Zitrone, Honig und Öl eine Marinade bereiten und mit den Karotten mischen.
Auf kleinen Tellern anrichten und nach Wunsch mit Sprossen und Nüssen garnieren.

TIPP: Ein besonderes Geschmackserlebnis bieten Nussöle, zum Beispiel Walnussöl oder Macadamianussöl. Sprossen bekommen Sie fertig im Bioladen.
Sie können sie aber auch ganz leicht in einem Keimglas oder Keimgerät selbst zu Hause ziehen.
Fragen Sie diesbezüglich in einem Bioladen in Ihrer Nähe nach!

ROTE-RÜBEN-FRISCHKOST

1 Rote Rübe geraspelt
1 Karotte geraspelt
etwas Kren frisch gerieben,
ersatzweise 1 TL Kren aus dem Glas
Saft von 1 Zitrone
Öl
etwas Essig
Salz, Pfeffer
1/2 TL Honig
Kresse als Garnitur

Die Gemüseraspel mischen. Aus den restlichen Zutaten eine Marinade bereiten und gut mit dem Gemüse vermengen. Ein Sträußchen Kresse verleiht der Frischkost einen hübschen Farbtupfer.

FENCHELFRISCHKOST MIT ORANGEN

2 Fenchelknollen gewaschen
2 Orangen geschält, in Stücke geschnitten (oder filetiert)
Saft von einer 1/2 Zitrone
Saft von einer 1/2 Orange
Öl
Pfeffer
etwas Honig
Fenchelkraut fein gehackt

Stiele und braune Stellen der Fenchelknollen entfernen, halbieren und in feine Streifen hobeln oder schneiden.
Zitronen- und Orangensaft, Öl, Pfeffer und Honig zu einer Marinade verrühren und mit dem Fenchel mischen. Die Orangenstücke vorsichtig unterheben. Den Salat kurz durchziehen lassen. Mit Fenchelkraut garnieren.

SELLERIE-FRISCHKOST

300 g Sellerie geraspelt
1 Apfel geraspelt
Saft einer 1/2 - 1 Zitrone
Öl
etwas Honig
Haselnüsse gehackt
Salz, Pfeffer

Sellerie- und Apfelraspel mischen. Aus den restlichen Zutaten ein Dressing bereiten, darüber gießen und mit den Nüssen garnieren.

TIPP: Sellerie harmoniert sehr gut mit Birnen.

Versuchen Sie die Frischkost deshalb auch einmal mit Birnenwürfel statt des Apfels und mit Walnüssen anstatt der Haselnüsse!

FRISCHKOST UND SALATE

Gemüsesalate

Unter anderem eignen sich Kartoffeln, Rote Rüben, Pastinaken, Karotten, Fisolen, Sellerie oder Karfiol sehr gut als gekochte Salate.

Die Zubereitung ist einfach: Das Gemüse wird gewaschen, geputzt und in wenig Wasser weich gedünstet. Wenn nötig schälen und in die gewünschte Form bringen. Marinieren Sie das Gemüse am besten noch heiß oder lauwarm und lassen Sie es dann im Kühlschrank gut durchziehen.

Bis auf Kartoffeln können alle Gemüsesalate auch 2 – 3 Tage in einem Schraubglas im Kühlschrank aufbewahrt werden.

ROTER-RÜBEN-SALAT

2 mittelgroße Rote Rüben
in der Schale gekocht, geschält
Apfelessig
Öl
Salz, Pfeffer
1 TL Honig
1 Prise Anissamen

Rote Rüben in dünne Scheiben schneiden oder hobeln. Aus Apfelessig, Öl, Honig und den Gewürzen eine Marinade bereiten und mit den Roten Rüben vermengen. Noch einmal mit Salz und Pfeffer abschmecken.

SELLERIE-SALAT

1 Sellerieknolle gekocht, geschält
und in Scheiben geschnitten
Apfelessig
Saft von 1 Orange
Salz, Pfeffer
1/2 TL Honig
Öl
etwas Kurkuma

Aus Apfelessig, Öl, Orangensaft, Honig und den Gewürzen eine Marinade bereiten und über die Selleriescheiben geben. Durchziehen lassen und mit Salz und Pfeffer abschmecken.

FISOLEN-SALAT

Aus Apfelessig, Kürbiskernöl, Salz und Pfeffer ein Dressing bereiten und mit den gekochten Fisolen und Zwiebelringen vermengen. Mit Salz und Pfeffer abschmecken.

1/2 kg Fisolen gewaschen, geputzt und in Stücke geschnitten kochen
1 kleine Zwiebel in sehr feine Ringe geschnitten
Apfelessig
Kürbiskernöl
Salz, Pfeffer

LAUWARMER PASTINAKENSALAT

Die Pastinakenscheiben in mundgerechte Stücke teilen und in wenig gesalzenem Wasser mit Curry und Essig circa 5 Minuten weich dünsten.

Vom Herd nehmen und mit Orangensaft und Öl abschmecken. Mit Petersilie bestreut servieren.

400 g Pastinaken geschält, in Scheiben geschnitten
etwas Wasser
Salz
1/2 TL Curry
2 EL Essig
Saft einer Orange
1 EL nussig schmeckendes Öl
Petersilie gehackt

TIPP: Über Nacht im Kühlschrank ziehen lassen und am nächsten Tag als Gemüsesalat essen. Schmeckt auch kalt köstlich!

FRISCHKOST UND SALATE

KÜRBISSALAT

300 g Hokkaidokürbis geraspelt
1 Apfel fein gewürfelt
Kürbiskernöl
Saft einer 1/2 - 1 Zitrone
1 TL Honig
Salz
Nüsse oder Kürbiskerne trocken geröstet, gehackt

Kürbisraspel und Apfelwürfel mischen. Aus Zitronensaft, Kürbiskernöl, Honig und Salz ein Dressing bereiten und unter den Salat heben. Mit den Nüssen oder den Kürbiskernen garnieren.

TIPP: Trocken rösten bedeutet, dass das Röstgut ohne Fett in einer Pfanne unter häufigem Rühren angebräunt wird, bis es angenehm duftet.

Achtung: Die Pfanne ständig im Auge behalten, weil Nüsse, Samen und ähnliches sehr schnell anbrennen!

KAROTTEN-SALAT

4 Karotten gekocht, geschält, geraspelt oder in Scheiben geschnitten
Apfelessig
Öl
1/2 TL Honig
Salz, Pfeffer nach Geschmack
1/2 TL Kreuzkümmel gemahlen

Aus Apfelessig, Öl, Honig und den Gewürzen eine Marinade bereiten und mit den Karottenraspeln vermengen.

Noch einmal mit Salz und Pfeffer abschmecken.

ENDIVIENSALAT MIT FRENCH-DRESSING

Aus Senf, Knoblauch, Essig, Öl, Salz und Pfeffer ein Dressing bereiten. Den Salat trocken schleudern. Vor dem Servieren mit dem Dressing gut vermischen.

TIPP: Wer den bitteren Geschmack nicht so gerne mag, der kann den Salat kurz in warmem Wasser einweichen oder eine gekochte, noch warme Kartoffel ins Dressing drücken.

Der Knoblauch nimmt dem Salat zusätzlich noch den bitteren Geschmack.

1 kleiner Endiviensalat gewaschen, in 1/2 cm breite Streifen geschnitten
2 TL Senf
2 Knoblauchzehen durchgedrückt oder fein gehackt
Salz, Pfeffer
Essig
Olivenöl

KARFIOL-SALAT

Karfiol mit einer Marinade aus Sauerrahm, Tomatenmark, Apfelessig, Öl, Salz und Pfeffer vermischen. Ziehen lassen und mit der gehackten Petersilie garnieren.

1 Karfiol in Röschen geteilt, den Strunk geschält und in Scheiben geschnitten
2 EL Sauerrahm
1 EL Tomatenmark
Apfelessig
wenig Öl
Salz, Pfeffer
reichlich Petersilie frisch gehackt

KARTOFFELSALAT MIT ZITRONEN-BASILIKUM-ÖL

750g Kartoffeln gekocht, geschält und in Scheiben geschnitten
Saft von 2 Zitronen
5 EL fruchtiges Olivenöl
1 kleine Handvoll Basilikumblätter
Salz, Pfeffer

Basilikumblätter in feine Streifen schneiden. Zitronensaft und Olivenöl vermischen und über die Kartoffelscheiben geben. Mit Salz und Pfeffer abschmecken und mit Basilikum garnieren.

TIPP: Der Salat sieht hübsch aus, wenn ganze, sehr kleine Kartoffeln (Babykartoffeln) verwendet werden.

KARTOFFELSALAT

750 g festkochende Kartoffeln gekocht, geschält, in Scheiben geschnitten
1/4 L Gemüsebrühe heiß
Öl
1 Prise Rohrzucker
Essig
Salz, Pfeffer
Schnittlauch in feine Röllchen geschnitten (Garnitur)

Aus Gemüsebrühe, Öl, Essig, Salz und Pfeffer eine Marinade herstellen und mit den heißen Kartoffelscheiben mischen. Gut durchziehen lassen und vor dem Servieren mit Schnittlauch bestreuen.

TIPP: Robustere Bäuche können noch eine fein gehackte Zwiebel in die Marinade mischen.

VARIANTE:
KARTOFFELSALAT MIT PESTO

Die heißen Kartoffelscheiben mit 2 EL Basilikum- oder Bärlauchpesto mischen und mit Salz und Pfeffer abschmecken.

Frischkost und Salate

DRESSINGS UND BLATTSALATE

KÜRBISDRESSING

Saft einer 1/2 - 1 Zitrone
3 EL Kürbiskernöl
Salz
1/2 TL Honig
Kürbiskerne trocken (ohne Fett) geröstet zum Garnieren

Alle Zutaten gut miteinander verrühren, sodass eine glatte Sauce entsteht. Eventuell etwas Wasser zugeben. Kurz vor dem Servieren über den gewaschenen und zerpflückten Salat geben und mit den gerösteten Kernen bestreuen.

ZITRONEN-OBERS-DRESSING

Saft einer 1/2 Zitrone
2 EL Obers
1/2 TL Honig
1 Prise Salz

Alle Zutaten verrühren. Schmeckt auch köstlich zu Karottensalat.

MILDES DRESSING

Saft einer 1/2 Zitrone oder milder Apfelessig
1/2 TL Honig
1 Prise Salz
2 - 3 EL Kürbiskern- oder Rapsöl

Alle Zutaten verrühren und mit Wasser verdünnen, bis die Marinade nicht mehr sauer schmeckt.

ERDNUSSDRESSING

1 großzügiger TL Erdnussmus
Saft von 1/2 Zitrone
1/2 TL Honig
etwas Sojasauce
Salz, Pfeffer
Curry

Alle Zutaten gut miteinander verrühren, sodass eine glatte Sauce entsteht. Eventuell etwas Wasser zugeben.

Kurz vor dem Servieren über den gewaschenen und zerpflückten Salat geben.

SESAMDRESSING

1 TL Tahine (Sesammus)
Saft von 1/2 Zitrone
Wasser nach Bedarf
Salz
1 Knoblauchzehe zerdrückt
1 TL Hefeflocken
gerösteter Sesam

Alle Zutaten gut miteinander verrühren, sodass eine glatte Sauce entsteht. Die Konsistenz des Dressings kann mit Wasser und Zitrone reguliert werden: Wasser verdünnt, Zitrone dickt ein.

Vor dem Servieren über den Salat verteilen. Mit geröstetem Sesam bestreuen.

AUFSTRICHE

SESAMAUFSTRICH

3 EL Tahine (Sesammus)
Saft 1 Zitrone
etwas Wasser
1 – 2 Knoblauchzehen zerdrückt
Salz
Pfeffer

Alle Zutaten zu einer glatten Creme verrühren. Die Konsistenz kann mit Wasser flüssiger, mit Zitronensaft fester gemacht werden.

TIPP: Eignet sich hervorragend als Brotaufstrich, als Dip für rohe Gemüsesticks oder als Sauce zu gedünstetem Gemüse.

LINSENAUFSTRICH

1 Tasse rote Linsen gewaschen
3 Tassen Gemüsebrühe
1/2 Zwiebel fein gewürfelt
1 TL Butter
1 Knoblauchzehe in feine Scheiben geschnitten
Lorbeerblatt
Gewürznelke
Piment
Thymian
einen Spritzer Zitronensaft
Salz
Pfeffer

Zwiebel und Knoblauch in der Butter andünsten, Linsen zugeben und mit Gemüsebrühe aufgießen. Gemeinsam mit den Gewürzen auf kleiner Flamme kochen, bis die Linsen gar sind. Flüssigkeit öfter kontrollieren, gegebenenfalls nachgießen.

Lorbeerblatt, Nelke und Piment entfernen und die Masse pürieren. Mit Zitronensaft, Salz und Pfeffer abschmecken. Dann im Kühlschrank 2 – 3 Stunden durchziehen lassen.
In einem Schraubglas im Kühlschrank hält der Aufstrich 3 – 4 Tage.

TIPP: Der Aufstrich schmeckt auch mit Azukibohnen lecker. Diese werden vor dem Kochen mehrere Stunden, am besten über Nacht, in Wasser eingeweicht.

FEIGEN-PFLAUMEN-MUS

6 Backpflaumen
6 getrocknete Feigen
4 EL gemahlene Haselnüsse
Zimt
eventuell Vanille
eventuell abgeriebene Zitronenschale

Die Trockenfrüchte mit Wasser bedeckt über Nacht einweichen. Die Früchte mit etwas Einweichwasser mit dem Stabmixer oder in der Küchenmaschine pürieren. So viel Haselnüsse zugeben, bis eine streichfähige Paste entsteht. Mit Zimt und den anderen Gewürzen abschmecken.

Das Mus hält sich in einem Schraubglas 4 – 5 Tage im Kühlschrank.

KAROTTENAUFSTRICH

4 große Karotten geschält, in Stücke geschnitten und in wenig Wasser gedünstet
Salz
1/2 TL Honig
1/2 TL Kreuzkümmel gemahlen
eine Prise Chili
einige grüne Oliven entsteint, grob gehackt
2 EL Olivenöl
Petersilie fein gehackt

Die Karotten – eventuell mit etwas Kochflüssigkeit – pürieren und mit den Gewürzen pikant abschmecken. Die gehackten Oliven, den Honig und das Öl untermischen.

In einer Schüssel anrichten, mit etwas Olivenöl beträufeln und mit reichlich Petersilie bestreuen.

MELANZANI ALL‘ ARRABIATA

1 kleine Zwiebel in feine Würfel geschnitten
2 Knoblauchzehen in feine Scheiben geschnitten
1 kleine Melanzani in kleine Würfel geschnitten
1 kleine Zucchini in kleine Würfel geschnitten
2 Tomaten in kleine Würfel geschnitten
Salz, Pfeffer
Kreuzkümmel
Chili
Saft von 1/2 Zitrone
Olivenöl

Zwiebel und Knoblauch in Olivenöl anrösten, die Melanzani- und Zucchiniwürfel dazugeben und etwas mitrösten. Dann die Tomatenwürfel und die Gewürze hinzufügen.
Das Gemüse zugedeckt schmoren lassen (eventuell wenig Wasser zugeben, damit es nicht anbrennt).
Wenn das Gemüse sehr weich ist, mit einem Pürierstab pürieren. Es dürfen noch ein paar Stückchen zu sehen sein. Mit Zitronensaft, Salz und Pfeffer noch einmal abschmecken.

TIPP: Der Aufstrich schmeckt fein auf Brot oder Waffeln, kalt und lauwarm. Noch heiß serviert ist er eine tolle Beilage zu Getreidelaibchen, schnell gebratenem Fleisch oder Fisch. Sollte etwas übrig bleiben, schmeckt er auch am nächsten Tag kalt, mit etwas Schafkäse vermischt und Brot als Jause im Büro.
Die Auswahl der Gemüse ergibt einen typischen Sommeraufstrich!

-TIPP: Zwiebel und Knoblauch können auch weggelassen werden.

MARILLENPASTE

10 getrocknete Marillen zerkleinert
4 Datteln entsteint
Saft von 1 Orange
2 EL gemahlene Haselnüsse
Vanille
Schale von 1/2 Zitrone abreiben

Die getrockneten Marillen und die Datteln über Nacht in Wasser einweichen. Am nächsten Tag mit dem Orangensaft pürieren. So viele Nüsse zugeben, bis eine streichfähige Paste entsteht. Mit den Gewürzen abrunden.
Die Paste hält sich im Kühlschrank 4 – 5 Tage.

Appetit

AVOCADOAUFSTRICH (GUACAMOLE)

1 reife Avocado
mit einer Gabel fein zerdrückt
Saft von 1/2 Zitrone
2 Tomaten fein gewürfelt
2 EL Zwiebelwürfel
2 Knoblauchzehen durchgepresst
Salz, Pfeffer
Kreuzkümmel
eventuell frischer Koriander
eventuell Chili

Zitronensaft sofort über die zerdrückte Avocado geben, damit diese nicht braun wird. Mit Tomaten, Knoblauch und Zwiebeln gut verrühren und mit den Gewürzen pikant abschmecken.

Wer es sehr pikant mag: 1/2 getrocknete Chilischote (entkernt) sehr fein hacken und unterrühren. Mit gehacktem Koriandergrün bestreuen.

ZWIEBEL-APFEL-SCHMALZ

3 große Zwiebeln
nicht zu fein gewürfelt
1 großer, säuerlicher Apfel
mit Schale grob gewürfelt
Olivenöl
1 Knoblauchzehe durchgepresst
Majoran, Kümmel
Salz, Pfeffer

Zwiebel, Apfel, Knoblauch, Kümmel und reichlich Majoran in Olivenöl durchrösten, dabei aber nicht zu stark bräunen. Die Hitze reduzieren und zugedeckt 30 - 40 Minuten schmoren lassen, bis das "Schmalz" eine streichfähige Konsistenz hat. Gegebenenfalls etwas Wasser oder Gemüsebrühe angießen. Eventuell noch einmal nachwürzen.

TIPP: Schmeckt köstlich auf frischem Brot oder Waffeln und hält sich im Kühlschrank einige Tage.

SUPPEN UND EINTÖPFE

BASIS-GEMÜSEBRÜHE

Wurzelgemüse:
Sellerie, Petersilwurzel, Gelbe Rüben, Karotten geputzt, in große Würfel geschnitten

1 Knoblauchzehe ganz
1/2 Stange Lauch
3 Pfefferkörner
3 Pimentkörner
1 Zwiebel geschält, halbiert
Liebstöckl
Salz
1,5 l kaltes Wasser

Die Gemüsewürfel, Zwiebel und Knoblauch gut durchrösten. Gewürze beifügen und mit kaltem Wasser aufgießen. Das Gemüse gut „auskochen“, abgießen und die Brühe auffangen. Mit Salz abschmecken.

TIPP: Je mehr Karotten verwendet werden, umso süßer schmeckt die Brühe, was nicht jeder mag.

TIPP: Oft finden Sie in den Rezepten Gemüsebrühe. Diese können Sie entweder selbst zubereiten oder Sie verwenden einfach gekörnte Bio-Gemüsebrühe.

HAUSGEMACHTE SUPPENWÜRZE

1 kg Suppengemüse:
Sellerie, Petersilienwurzeln, Karotten, Zwiebeln
280 g Salz
1 großer Bund frische Petersilie fein gehackt

Das Gemüse waschen und putzen. Suppengemüse in einer starken Küchenmaschine oder im Cutter fein zerkleinern, mit Salz und Petersilie vermengen und in Einmachgläser füllen.
Für eine Portion Suppe benötigt man circa 1 TL Salzgemüse. Kühl und dunkel gelagert hält die Suppenwürze mindestens 6 Monate.

TIPP: Die hausgemachte Würze eignet sich natürlich auch zum Verfeinern von Saucen.

BUCHWEIZENFRITTATEN

150 g Buchweizenmehl
1 Ei
1/8 l Milch
1/4 l Wasser
Salz, Pfeffer
Muskat
eventuell Kräuter nach Geschmack, fein gehackt
Butterschmalz
Schnittlauch in Röllchen geschnitten

Milch und Wasser mit den Gewürzen und dem Ei in eine Schüssel geben und gut versprudeln. Mit einem Schneebesen das Mehl gut einrühren.
Die Masse sollte glatt und ohne Klumpen sein. Den Teig circa 15 Minuten rasten lassen. Eventuell gewünschte Kräuter zugeben.

Um die Konsistenz zu kontrollieren, einen Schöpflöffel in die Masse tauchen und den Teig über den „Rücken" laufen lassen.
Der Teig muss den Schöpflöffel bedecken und zähflüssig davon abrinnen. Läuft er zu schnell ab und kommt der Schöpflöffel zum Vorschein, ist er zu dünn und braucht noch etwas Mehl.

In einer Pfanne etwas Butterschmalz erhitzen. Einen Schöpfer Teig auf eine Seite der Pfanne gießen und dann schräg halten, damit er sich gleichmäßig in der Pfanne verteilt. Wenn der Rand braun wird, wenden und fertig backen.
Die überkühlten Palatschinken in dünne Streifen schneiden und in die Suppe geben. Mit Schnittlauchröllchen bestreut servieren.

TIPP: Sehr gut eignen sich hier auch Wildkräuter als Beigabe. Was hier zu Frittaten verarbeitet wird, kann natürlich auch ganz gelassen und als Palatschinken gegessen werden.

Versuchen Sie es mit einer Fülle aus Linsenaufstrich, Melanzani All'Arabiata, Karottenaufstrich oder Apfel-Zwiebel-Schmalz.

SUPPEN UND EINTÖPFE

EINFACHE GETREIDESUPPE

3 - 4 EL Getreide nach Wahl
z. B. Dinkel, Gerste, Hafer oder Hirse grob geschrotet
etwas Butter oder Butterschmalz
1 l Gemüsebrühe
1 kleine Zwiebel fein gehackt
2 Karotten geschält, in Scheiben geschnitten
Thymian
Ysop
Salz, Pfeffer
frische Petersilie gehackt

Butter/Butterschmalz in einem Topf schmelzen, Zwiebeln zugeben und glasig dünsten. Getreideschrot einrühren und etwas anrösten.
Mit Gemüsebrühe aufgießen, Karotten hinzufügen, würzen. 2 – 3 Minuten wallend kochen lassen, vom Feuer nehmen, eventuell noch einmal würzen und zugedeckt circa 10 Minuten ziehen lassen. Mit frisch gehackter Petersilie garnieren.

TIPP: Verwenden Sie statt dem Gemüse einfach eine Handvoll frische, grob gehackte Wild- oder Gartenkräuter.

PINK SOUP

Olivenöl
1 kleine Zwiebel gehackt
2 - 3 große Rote Rüben gewaschen, geschält, in Würfel geschnitten
1 TL Koriandersamen gemahlen
1 TL Honig
1 l Gemüsebrühe
Salz, Pfeffer
2 TL Kren gerissen, ersatzweise aus dem Glas
1 Schuss Obstessig
Kresse ersatzweise Petersilie
1/2 Becher Schlagobers halbsteif geschlagen

Zwiebeln in Olivenöl andünsten. Rote Rüben zugeben und mitrösten. Mit Gemüsebrühe aufgießen. Koriander zufügen und die Roten Rüben weich kochen. Die Suppe fein pürieren. Mit Salz, Pfeffer, Honig, Kren und Essig abschmecken. Etwas Obers unterrühren – nicht mehr kochen.

Das restliche Obers halbsteif schlagen. Suppe in Teller oder Schalen anrichten, mit einem Löffel ein Obershäubchen auf die Suppe setzen und mit Kresse garnieren.

LINSEN-KOKOS-SUPPE MIT CHILI

1 Tasse braune oder grüne Linsen 1 – 2 Stunden eingeweicht, anschließend kalt gespült
1 Zwiebel fein gewürfelt
1 Karotte klein gewürfelt
etwas Chilipulver
Öl
2 TL Tomatenmark
ca. 1 l Gemüsebrühe

200 g Kohl:
Weiß-, China- oder Spitzkohl, in feine, nicht zu lange Streifen geschnitten
1 Handvoll Cocktailtomaten geviertelt
1 Dose Kokosmilch (400 g)
Salz

Die Zwiebel im Öl anschwitzen, Karotten, Chilipulver und die Linsen beifügen und gut durchrühren. Das Tomatenmark zugeben und kurz durchrösten, rasch mit der Gemüsebrühe aufgießen. Bei mittlerer Temperatur so lange kochen, bis die Linsen gar sind.

Kurz vor dem Servieren Kokosmilch und Kohlstreifen einrühren und 5 Minuten köcheln lassen, bis der Kohl weich ist. Zum Schluss die Cocktailtomaten dazu geben und die Suppe nicht mehr kochen, sondern nur mehr erwärmen.
In Tellern oder Schalen anrichten und mit einer halbierten Cocktailtomate und einigen Streifen frischem Kohl garnieren.

TIPP: Im Winter die Cocktailtomaten einfach weglassen oder durch getrocknete, in feine Stücke geschnittene Tomaten ersetzen.

KÜRBISCREMESUPPE

1 kleiner Hokkaidokürbis gewaschen, entkernt, in Würfel geschnitten
1 Zwiebel fein gehackt
1 EL Olivenöl
ca. 1 l Gemüsebrühe
1 fingerdicke Scheibe Ingwer geschält
1 Knoblauchzehe durchgedrückt
Salz, Pfeffer
Thymian
Zimt
etwas Zitronensaft
Kürbiskerne trocken geröstet
etwas Kürbis-Kernöl

Zwiebel in Öl anschwitzen, Kürbiswürfel, Ingwer und Gewürze zugeben, kräftig mitrösten. Mit der Gemüsebrühe aufgießen. Auf kleiner Flamme köcheln, bis der Kürbis weich ist. Pürieren und die Konsistenz bei Bedarf mit Wasser oder Gemüsebrühe korrigieren. Mit Salz, Pfeffer und Zitronensaft abschmecken.

Nach Belieben mit gerösteten Kürbiskernen und etwas Kernöl garnieren.

KAROTTEN-INGWER-CREMESUPPE

Zwiebel in Butter/Butterschmalz anschwitzen, Karotten, Ingwer und Gewürze zugeben, kräftig mitrösten, mit Gemüsebrühe aufgießen. Auf kleiner Flamme köcheln, bis die Karotten angenehm weich sind. Pürieren, eventuell die Konsistenz mit Wasser korrigieren. Mit Salz, Pfeffer und Zitronensaft abschmecken.

Suppen in der Art können mit jedem beliebigen Gemüse hergestellt werden. Einfach die Gewürze den entsprechenden Gemüsesorten anpassen und fertig ist die abwechslungsreiche Suppenküche!

4 - 6 Karotten geputzt, grob geschnitten
1 kleine Zwiebel fein gehackt
Butter/Butterschmalz
ca. 1 l Gemüsebrühe
etwas Zitronensaft
1 fingerdicke Scheibe Ingwer geschält
Kreuzkümmel gemahlen
Koriander gemahlen
Salz, Pfeffer

SUPPEN-VARIATIONEN

Diese Suppen brauchen allesamt weder Obers noch Sauerrahm, da sie durch das Pürieren sämig werden.

Gehen Sie bei der Herstellung so vor wie bei der Karotten-Ingwer-Cremesuppe.

TIPP: Um bei Gemüsesuppen eine gute Konsistenz zu erreichen, gehen Sie am besten so vor: Geben Sie die Suppenwürfel in den Topf und gießen Sie dann mit so viel Wasser auf, dass die Flüssigkeit circa 2 cm über das Gemüse reicht.

Kartoffelsuppe: Lorbeer, Neugewürz, Majoran, Petersilie
Lauchsuppe: Thymian, Ysop
Selleriesuppe: wegen des intensiven Eigengeschmacks mit Kartoffeln oder Karotten mischen, mit Majoran würzen
Zucchini-, Brokkolisuppe: Oregano, Basilikum; für mehr „Sämigkeit“ eine Kartoffel mitkochen
Tomatensuppe: Basilikum, Thymian, Bohnenkraut
Kürbissuppe: Lorbeer, Piment, Zitrone, Zitronenthymian, Cayenne-Pfeffer, etwas Zimt, Muskat, eventuell Ingwer
Petersilienwurzel-, Pastinakensuppe: Schuss Obstessig, Pfeffer, frische Petersilie

BRENNNESSELSUPPE

4 Handvoll Brennnesselblätter
1 Zwiebel fein gehackt
1 Knoblauchzehe durchgepresst
1 EL Butter oder Öl
1 EL Vollkornmehl
etwas Obers
1 l Wasser
Suppenwürze
Salz, Pfeffer
2 Scheiben Vollkornbrot
in Würfel geschnitten

Die Brennnesselblätter gut waschen und kurz in einen Topf mit kochendem Wasser geben. Kochwasser aufheben, Brennnesselblätter klein hacken. Zwiebel und Knoblauch in Butter oder Öl anschwitzen, Mehl darüber streuen, umrühren und leicht anbräunen.

Mit 1 Liter Brennnesselkochwasser aufgießen, Suppenwürze und die Brennnesselblätter dazugeben und fünf Minuten lang köcheln lassen, eventuell pürieren. Mit Salz und Pfeffer abschmecken und nach Wunsch mit Obers verfeinern.
Das in Würfel geschnittene Vollkornbrot leicht anrösten und vor dem Servieren auf die Suppe geben.

FENCHELSUPPE MIT PISTOU

2 Fenchelknollen in Würfel geschnitten
1 Zwiebel in Würfel geschnitten
1 EL Olivenöl
knapp 1/8 l Weißwein
1/2 l Gemüsebrühe
1 EL Fenchelsamen
Salz, weißer Pfeffer

Pistou:
3 Knoblauchzehen durchgepresst
1 Tomate fein gewürfelt
1/2 Bund frisches Basilikum fein gehackt
40 g Parmesan gerieben
1 EL Olivenöl
schwarzer Pfeffer

Fenchel und Zwiebeln im Olivenöl gut andünsten. Mit Weißwein ablöschen und mit der Gemüsebrühe aufgießen. Fenchelsamen in einer Pfanne ohne Fett rösten. Im Mörser mahlen und in die Suppe geben. Mit Salz und Pfeffer würzen und 15 Minuten köcheln lassen.

Pistou ist eine kalte Tomatensauce. Knoblauch, Tomatenwürfel und Basilikum mit einem Stabmixer grob mixen. Parmesan und Olivenöl dazugeben und gut vermengen. Mit Pfeffer abschmecken.

Den Pistou zur Suppe servieren.

ZUCCHINICREMESUPPE

2 große Zucchini
in kleine Stücke geschnitten
1 Zwiebel in feine Scheiben geschnitten
1 – 2 Knoblauchzehen in feine Scheiben geschnitten
Olivenöl
1 l Gemüsebrühe
1 Schuss Obers
Salz, Pfeffer

mediterrane Kräuter:
Bohnenkraut, Thymian, Oregano

Zwiebel, Zucchini und Knoblauch in etwas Öl anschwitzen. Mit Gemüsebrühe bedecken, würzen und zugedeckt leicht kochen lassen, bis das Gemüse weich ist. Mit dem Passierstab mixen. Um die gewünschte Konsistenz zu erreichen, eventuell noch Flüssigkeit zugeben. Mit Salz und Pfeffer abschmecken und mit Obers verfeinern.

-TIPP: Sehr Empfindliche lassen Zwiebel und Knoblauch weg.

BLITZ-MINESTRONE

1/4 Weißkrautkopf in Würfel geschnitten
1 EL Olivenöl
1 kleine Zwiebel fein gewürfelt
2 Knoblauchzehen durchgepresst
2 Karotten in Scheiben
2 mittelgroße Kartoffeln grob gewürfelt
1 Tomate gewürfelt,
ersatzweise 2 EL Tomatenmark
1 l Gemüsebrühe
2 Tassen gekochten Reis
auch vom Vortag
Lorbeer
Pimentkörner
Salz, Pfeffer

mediterrane Kräuter:
Oregano, Basilikum, Thymian
eventuell Parmesan gerieben

Öl erhitzen, Zwiebel und Knoblauch etwas andünsten, Tomatenwürfel/Tomatenmark zugeben und kurz mitdünsten. Das restliche Gemüse beifügen, etwas anrösten. Mit der Brühe aufgießen.

Gewürze und Kräuter dazugeben und köcheln lassen, bis das Gemüse weich ist. Den gekochten Reis einrühren und mit Salz und Pfeffer abschmecken. Nach Belieben mit etwas geriebenem Parmesan servieren.

SUPPEN UND EINTÖPFE

GEMÜSESUPPE FÜR EILIGE

pro Person 1 Handvoll Gemüse je nach Saison, klein geschnitten
Butterschmalz
Salz
Pfeffer
Muskatnuss
Lorbeerblatt
Gemüsebrühe ca. 300 ml pro Person

Butterschmalz erhitzen, geschnittenes Gemüse darin scharf anrösten, das Lorbeerblatt zugeben, mit Gemüsebrühe aufgießen und sehr weich kochen lassen. Mit Salz, Pfeffer und Muskatnuss abschmecken.

TIPP: Für diese Suppe eignen sich auch Gemüsereste hervorragend. Was gibt der Kühlschrank her? Ein paar Karotten, Kartoffeln, vielleicht etwas Sellerie, Lauch oder anderes Gemüse haben Sie bestimmt zu Hause.

Wenn Sie immer wieder unterschiedliche Gemüse verwenden und mutig mit den Gewürzen umgehen, schmeckt die Suppe jedes Mal anders – aber immer lecker!

Diese Suppe ist selbst bei sehr empfindlichem Bauch empfehlenswert. Als Frühstück genossen lindert sie Sodbrennen und Magenbeschwerden.

Wenn Sie die Suppe sämig wünschen, können Sie eine geschälte Kartoffel reiben und mit dem Gemüse mitkochen. Auch ein Schuss Obers verfeinert die Suppe.

KARTOFFEL-LAUCHSUPPE

Öl erhitzen, Zwiebel und Lauch darin andünsten, Kartoffelwürfel zugeben, kurz mitdünsten. Gemüsebrühe hinzufügen, mit Kräutern, Salz und Pfeffer kräftig würzen und gar kochen. Die Suppe grob pürieren (es dürfen noch Kartoffel- und Lauchstückchen zu sehen sein), damit sie etwas sämiger wird. Mit Salz und Pfeffer abschmecken und nach Wunsch mit etwas Obers verfeinern.

-TIPP: Für den kranken Bauch den Lauch und die Zwiebel weglassen, dafür die Kartoffelmenge auf ein halbes Kilogramm erhöhen und eventuell Karottenscheiben mitkochen.
Das ergibt eine bekömmliche Kartoffelsuppe.

1 1/2 Stangen Lauch geputzt, in Ringe geschnitten
1 l Gemüsebrühe
4 Kartoffeln klein gewürfelt
1 Zwiebel fein gewürfelt
3 EL Öl
Salz, Pfeffer
Thymian, Majoran
etwas Obers nach Belieben

GRIECHISCHES FENCHELGEMÜSE

2 Fenchelknollen geviertelt
4 Tomaten gewürfelt
Olivenöl
1 Tasse Gemüsebrühe
Saft von 1/2 Zitrone
Majoran
Koriandersamen grob zerstoßen
Salz, Pfeffer
1 EL Tomatenmark
1/2 Bund glatte Petersilie fein gehackt

Das Öl in einem Topf heiß werden lassen, Kräuter darin kurz anbraten, Fenchel zugeben und von allen Seiten braun anbraten. Mit der Gemüsebrühe ablöschen, Zitronensaft über den Fenchel gießen, mit Salz und Pfeffer würzen. Die Tomaten und das Tomatenmark zugeben. Das Gemüse zugedeckt circa 15 Minuten garen, bis der Fenchel weich ist. Mit Petersilie bestreuen und sofort servieren.
Dazu passen Ballonkartoffeln oder Getreidelaibchen.

TIPP: Wenn Sie eine robuste Verdauung haben, können Sie dem Fenchelgemüse mit einem ½ Glas Weißwein statt der Gemüsebrühe eine besonders würzige Note geben.

BALLON- ODER GEWÜRZKARTOFFELN

8 große Kartoffeln gewaschen, der Länge nach halbiert
Salz

Gewürzmischung:
3 EL Olivenöl
Salz
wenig Chilipulver
Rosmarin
Majoran

Ballonkartoffeln: Kartoffeln auf der Schnittfläche mit Salz bestreuen. Mit der Schnittfläche nach oben bei 180 °C im Backrohr backen, bis sich die Oberfläche aufbläht.

Gewürzkartoffeln: Bereiten Sie die Gewürzmischung zu und wenden Sie die halbierten Kartoffeln darin, sodass diese vollständig bedeckt sind. Ebenfalls im Backrohr garen, bis sie weich sind.

TIPP: Dazu passt ein Dip aus Sauerrahm und Joghurt, den Sie mit Salz und frischen Kräutern würzen.
Die Kartoffeln schmecken auch als Beilage zu Gemüse!

KAROTTENGEMÜSE

4 Karotten geschält, in Streifen geschnitten (mit einem Kartoffelschäler, wie Bandnudeln)
etwas Butterschmalz
1 TL Honig
1 TL Koriandersamen gemahlen
Wasser oder Gemüsebrühe
Saft einer 1/2 Zitrone

Die Karotten mit den Gewürzen in Butterschmalz anrösten und mit etwas Wasser oder Gemüsebrühe weich dünsten. Mit Zitronensaft abschmecken.

Mit Petersilie garniert zu Kokosreis oder anderem Getreide servieren.

SENFKAROTTEN

4 – 6 Karotten geschält, der Länge nach geviertelt (sehr dicke Karotten geachtelt)
1 TL Butter
1 TL Honig
1/8 l Gemüsebrühe
1 EL Senf
1 EL Zitronensaft
Salz, Pfeffer

Butter in einer Pfanne schmelzen, den Honig zugeben und verflüssigen. Dann die Karottensticks so lange darin wenden, bis sie vollständig mit der Fett-Honig-Glasur überzogen sind. Mit Gemüsebrühe angießen und zugedeckt kurz dünsten. Senf und Zitronensaft einrühren und mit Salz und Pfeffer abschmecken.

TIPP: Senfkarotten schmecken hervorragend zu Getreidelaibchen oder Kartoffelgerichten.

KAROTTEN-FENCHEL-GEMÜSE/ KAROTTEN-PASTINAKEN-GEMÜSE

Karotten geschält, in Stifte geschnitten
Fenchel in ca. 1cm dicke Scheiben /oder Pastinaken in Stifte geschnitten
Saft einer 1/2 Zitrone
Butter
Salz, Pfeffer

Gemüse mit wenig Wasser in einer Pfanne circa 8 Minuten bei mittlerer Temperatur und geschlossenem Deckel dünsten.
Erst am Schluss der Kochzeit mit Zitronensaft, Butter, Salz und Pfeffer würzen. Zu verschiedenen Getreiden servieren.

GRATINIERTE FENCHELKNOLLEN

Fenchelhälften und Gemüsewürfel in wenig Gemüsebrühe vorkochen. Eine feuerfeste Form mit den Karotten- und Selleriewürfeln auslegen, den Fenchel darauf platzieren. Fenchel salzen und pfeffern und mit je einer Scheibe Käse belegen beziehungsweise mit Parmesan bestreuen. Mit etwas Gemüsebrühe angießen. Im Rohr gratinieren.
Dazu schmecken Petersilkartoffeln.

2 Fenchelknollen halbiert
1/2 Tasse Gemüsebrühe
4 Blätter Gouda
ersatzweise Parmesan gerieben
Salz, weißer Pfeffer
1 Karotte fein gewürfelt
1 Scheibe Sellerie fein gewürfelt

BIRCHER-KARTOFFELN MIT WILDKRÄUTER-TARTAR

Die Kartoffeln auf ein Backblech legen und mit den Gewürzen bestreuen. Je nach Größe circa 30 – 40 Minuten im Rohr bei 180 °C backen.
Währenddessen Topfen und Sauerrahm mit den Gewürzen verrühren und die klein geschnittenen Kräuter unterheben. Mit Blüten von Primel, Gänseblümchen, Hohlzahn und so weiter garnieren.

TIPP: Wer keine Wildkräuter zur Hand hat, verwendet einfach Gartenkräuter (Schnittlauch, Kresse, Basilikum, Petersilie).

TIPP: Anstatt des Wildkräuter-Topfens können Sie auch ein (Wild-)Kräuteröl zubereiten.
Dafür mischen Sie gutes Olivenöl mit dem Saft einer halben Zitrone, etwas Salz und den fein gehackten Kräutern. Diese Mischung schmeckt herrlich fruchtig zu den Kartoffeln!

8 große Kartoffeln gewaschen,
der Länge nach halbiert
Salz
Kümmel
Majoran
1 Packung Topfen
eventuell von Schaf oder Ziege
2 EL Sauerrahm

1 – 2 Handvoll Wildkräuter:
Löwenzahn, Sauerampfer, Gänseblümchen, Bärlauch, Spitzwegerich, Taubnessel, Brennnessel, Primel (Schlüsselblume), Gundelrebe, Giersch, Galgant klein gehackt

KARTOFFELN MIT HONIGKRUSTE

8 große Kartoffeln gewaschen, der Länge nach halbiert
3 EL Tomatenmark
2 EL Honig
1 EL Olivenöl
Salz, Pfeffer
Thymian
Oregano
Basilikum

Die Kartoffelhälften auf ein Backblech legen und die Schnittfläche mit wenig Öl bepinseln.

Im vorgeheizten Rohr bei maximal 180 °C circa 20 Minuten vorbacken. Aus den restlichen Zutaten eine „Glasur" bereiten und auf die Schnittflächen verteilen. Weitere 15 Minuten fertig backen.

KNUSPRIGE CURRYKARTOFFELN

1 kg Kartoffeln gewaschen, geschält und in dünne Scheiben geschnitten
1/8 l Gemüsebrühe
1 TL Kurkuma
1 TL Kreuzkümmel gemahlen
etwas Ingwer fein gehackt, ersatzweise 1/2 TL Ingwerpulver
1/2 TL Koriander gemahlen
1 Prise Chilipulver
Muskat
Petersilie frisch, gehackt
1/2 Becher Obers

Die Kartoffelscheiben in eine feuerfeste Form geben. Aus allen Zutaten außer der Petersilie eine Sauce mischen und über die Kartoffeln gießen.

Im Rohr bei 180 °C 50 – 60 Minuten backen. Mit reichlich Petersilie bestreut servieren.

ASIATISCHE KAROTTEN-KOHL-NUDELN

2 große Karotten geschält
1/4 Wirsingkohl ersatzweise Weißkraut, Spitzkohl, Pak Choi (Senfkohl) oder Chinakohl
Öl
Pfeffer
1 nussgroßes Stück Ingwer geschält, fein geschnitten
Sojasauce

Die Karotten mit einem Kartoffelschäler in Streifen (wie Bandnudeln) schneiden. Den Kohl in einzelne Blätter teilen, den Strunk herausschneiden und die Blätter ebenfalls in Streifen schneiden.
Beides in wenig Öl mit dem Ingwer in einer Pfanne knackig dünsten (falls nötig etwas Wasser zugeben und zudecken). Zum Schluss mit Pfeffer und Sojasauce kräftig würzen.

TIPP: Passt wunderbar zu Getreidelaibchen, Kartoffeln oder einfach zu gekochtem und mit einer Tasse in Form gebrachten Getreide.

MANGOLDGEMÜSE

1 mittelgroßer Mangold in Streifen geschnitten, auch den Stiel verwenden
1 Zwiebel in feine Würfel geschnitten
Salz, Pfeffer
etwas Zitronensaft
Muskat
Obers

Die Zwiebel in etwas Öl glasig dünsten. Mangoldstiele zugeben, mit etwas Wasser angießen und etwa 5 Minuten dünsten. Dann erst die Blattstreifen zugeben und kurz dünsten. Mit den Gewürzen und Zitronensaft abschmecken und mit etwas Obers verfeinern.

TIPP: Statt Mangold können auch Spinat- oder Brennnessel-Blätter verwendet werden. Hier reduziert sich die Kochzeit. Fein zu Reis, Kartoffeln, Getreidelaibchen oder Kürbis.

GEBRATENER SELLERIE

Die Selleriescheiben in Öl von beiden Seiten je 5 Minuten braten, bis sie gar sind. Aus Salz, Pfeffer, Rosmarin und etwas Honig eine „Glasur“ herstellen und den Sellerie damit bestreichen. Noch einmal kurz auf der bestrichenen Seite braten.

Zu Mangold, Kartoffeln oder Salat servieren.

1 Sellerieknolle geschält,
in 1 cm dicke Scheiben geschnitten
Olivenöl
Salz
Pfeffer
Rosmarin
1 TL Honig

BUCHWEIZENNOCKERL

Den Buchweizen in die kochende Gemüsebrühe einrühren. Von der Herdplatte nehmen und ausquellen lassen. Währenddessen Zwiebel und Knoblauch in etwas Olivenöl andünsten, kräftig würzen, die frische Petersilie zugeben und kurz mitdünsten. Die Zwiebel-Petersilien-Mischung mit dem Buchweizen gut verrühren.
Mit zwei Suppenlöffeln aus der noch weichen Masse Nockerl formen und auf einen Teller legen.

Etwa 20 – 30 Minuten rasten lassen, sodass die Nockerl ganz fest werden.
Die Nockerl in heißem Salzwasser circa 10 Minuten ziehen lassen, nicht kochen! Nach Belieben kann dem Gericht mit feinen Paprika- oder Karottenstreifen ein Farbtupfer verliehen werden. Die Nockerl auf Tomatensauce oder auf Mangoldgemüse anrichten.

TIPP: Die Nockerl nicht wallend kochen, da sie dann zerfallen! Wenn's schneller gehen soll, können anstatt der Nockerl auch kleine Knödel geformt werden.

170 g Buchweizen geschrotet
330 ml Gemüsebrühe
1 kleine Zwiebel fein gehackt
2 Knoblauchzehen
in Scheiben geschnitten
Olivenöl
Salz
Pfeffer
Thymian, Oregano
1/2 Bund frische Petersilie fein gehackt

SELLERIE-PÜREE

1 Sellerieknolle geschält, in große Würfel geschnitten
Gemüsebrühe
Salz, Pfeffer
Muskat
ein Schuss Obers
Petersilie gehackt, ersatzweise Sprossen

Die Selleriewürfel mit wenig Gemüsebrühe und den Gewürzen weich kochen. Ab und zu kontrollieren, ob noch Garflüssigkeit vorhanden ist und wenn nötig nachgießen.
Wenn die Selleriewürfel weich sind, pürieren. Mit einem Schuss Obers verfeinern und nach Belieben mit Petersilie oder Sprossen garnieren.

TIPP: Zu Beginn eher wenig Garflüssigkeit verwenden und beim Pürieren die Konsistenz mit Brühe steuern. Wird viel Garflüssigkeit verwendet, diese vor dem Pürieren abgießen und nach und nach wieder zugeben, sonst wird das Püree zu „suppig“.

Dieses herrlich-würzige Püree passt hervorragend zu Kartoffeln, Getreidelaibchen oder – wenn Sie Fleisch mögen – auch zu faschierten Laibchen.

VARIANTE:
GRÜNES SELLERIE-PÜREE

1 Handvoll Wild- oder Gartenkräuter:
z. B. Brennnessel, Giersch und Gundelrebe fein gehackt

Die Wildkräuter kurz vor dem Pürieren zugeben. Mit dem Sellerie gemixt ergibt das eine interessante geschmackliche und farbliche Variante.

KARTOFFELPÜREE (OHNE MILCH)

Die Erdäpfel schälen und kochen. Das Kochwasser abgießen und Kartoffeln mit heißer Gemüsebrühe zu einem Püree verarbeiten. Mit den Gewürzen abschmecken und mit Butter und Obers verfeinern.

500 g mehlige Erdäpfel
heiße Gemüsebrühe
etwas Butter
wenig Obers
Salz, Muskat

VARIANTE:

Die Knoblauchscheiben in wenig Öl goldbraun anbraten. Das Püree wie oben beschrieben zubereiten. Anstelle von Butter/Obers wird mit etwas Olivenöl verfeinert. Mit dem gebratenen Knoblauch, Salz, Pfeffer und Zitronensaft pikant abschmecken und mit Sesam bestreuen.
Gut schmecken auch klein geschnittene Oliven oder fein gehackte Wildkräuter im Püree.
Schmeckt zu Gemüse oder als Brotaufstrich.

TIPP: Passen sie die Knoblauchmenge an Ihren Bauchtyp an.

2 - 4 Knoblauchzehen in Scheiben geschnitten
2 EL Sesam trocken geröstet
etwas Zitronensaft
Olivenöl nach Geschmack
Salz, Pfeffer

SUPER-EASY-GETREIDELAIBCHEN

Alle Zutaten gut vermischen. Wichtig ist, dass das Getreide kräftig gewürzt ist. Wenn die Masse nicht gut klebt, eventuell noch 1 Ei und Vollkorn-Semmelbrösel zugeben und etwas rasten lassen. Butterschmalz in einer Pfanne erhitzen und die Masse mit einem Löffel ins heiße Fett setzen.
Langsam (!) und bei mittlerer Temperatur von beiden Seiten knusprig braun backen. Mit Blattsalat, einer Frischkost oder Gemüsesalat servieren.

2 - 3 Häferl gekochtes Getreide, z. B. Hirse, Quinoa, Reis, Getreidereste
1 - 2 Eier
Salz, Pfeffer
Thymian, Basilikum
eventuell 1 Karotte geschält, grob geraspelt
Vollkorn-Semmelbrösel
Butterschmalz zum Ausbacken

QUINOA-NUSS-LAIBCHEN

1 große Tasse Quinoa
oder Quinoareste vom Vortag
1/2 l Gemüsebrühe
Salz, Pfeffer
etwas Ingwer frisch geriebener
Koriandersamen zerstoßen
1 Ei
1/2 Stange Lauch
in feine Streifen geschnitten
1 kleine rote Paprika fein gewürfelt
1 Handvoll Sonnenblumenkerne
oder klein gehackte Haselnüsse
Olivenöl

Quinoa waschen und mit der Gemüsebrühe aufkochen. Circa 20 Minuten ausquellen lassen, sodass eine dicke Masse entsteht. Bei Bedarf noch etwas Flüssigkeit unterrühren.
Gemüse, Gewürze und Sonnenblumenkerne oder Nüsse unter die Masse mengen. Konsistenz gegebenenfalls mit Vollkorn-Semmelbrösel oder etwas Buchweizenmehl so einstellen, dass eine formbare Masse entsteht.
Mit feuchten Händen flache Laibchen formen und in heißem Öl beidseitig langsam ausbacken.

Fett-Spar-TIPP: Die geformten Laibchen auf ein mit Backpapier ausgelegtes Blech legen, mit wenig Öl bestreichen und im Rohr bei 180 °C circa 25 Minuten backen.

GEBACKENER KRÄUTERKÜRBIS

1 Hokkaidokürbis waschen, halbieren,
entkernen und in Spalten schneiden
(pro Person je nach Größe 3 – 4 Spalten)
Olivenöl
Salz, Pfeffer aus der Mühle
3 Knoblauchzehen fein gehackt

mediterrane Kräuter:
Thymian, Basilikum, Rosmarin,
Oregano, Bohnenkraut

Aus Olivenöl, Kräutern, Gewürzen und dem Knoblauch eine Marinade bereiten. Die Kürbisspalten auf ein mit Backpapier ausgelegtes Backblech legen und mit der Marinade großzügig bestreichen. Im Rohr bei 180 °C etwa 30 Minuten backen.

Der Kräuterkürbis ergibt mit einem Blattsalat, gekochten Salaten oder Mangoldgemüse eine leichte Mahlzeit.

-TIPP: Wenn Sie Knoblauch schlecht vertragen, können Sie ihn einfach weglassen.

HAUPTGERICHTE

DHAL VON ROTEN LINSEN

1 Tasse rote Linsen
2 Tassen Gemüsebrühe
1 TL Butter ersatzweise Butterschmalz
1 TL schwarze Senfsamen
1 TL Kreuzkümmel gemahlen
1 TL Koriandersamen gemahlen
1/2 TL Kurkuma (Gelbwurz)
1/2 TL Zimt gemahlen
2 Knoblauchzehen durchgepresst
etwas Zitronensaft
Salz, schwarzer Pfeffer
1 TL Honig

Butter/Butterschmalz erhitzen, Senfsamen darin anrösten. Linsen, Kreuzkümmel, Koriander, Kurkuma und Zimt hinzufügen, mit Gemüsebrühe aufgießen. Knoblauch dazugeben.
Immer wieder umrühren und gegebenenfalls Brühe oder Wasser nachgießen. Rote Linsen zerfallen schnell, was in diesem Fall erwünscht ist. Mit Zitronensaft, Salz, Pfeffer und Zucker abschmecken.
Schmeckt köstlich zu Basmati- aber auch zu Vollkornreis!

GRÜNE HAFERLAIBCHEN

1 große Tasse Hafer grob geschrotet
1/2 Zwiebel in feine Würfel geschnitten
1 - 2 Knoblauchzehen
in Scheiben geschnitten
1/2 Bund Petersilie fein gehackt
Gemüsebrühe
1 Lorbeerblatt
Bohnenkraut
Pfeffer
2 EL Vollkorn-Semmelbrösel
je nach Konsistenz
1 Ei
Olivenöl

Zwiebel und Knoblauch in etwas Olivenöl anbraten. Haferschrot dazu geben und mit der doppelten Menge Gemüsebrühe aufgießen. Gewürze zugeben und auf kleiner Flamme circa 30 Minuten kochen und ausquellen lassen. Zwischendurch immer wieder umrühren. Das Lorbeerblatt entfernen, die Petersilie einrühren und pikant abschmecken. Das Ei und soviel Semmelbrösel untermengen, dass eine gut formbare Masse entsteht. Mit feuchten Händen Laibchen formen oder mit einem Löffel Häufchen auf ein mit Backpapier ausgelegtes Backblech setzen und in „Laibchenform“ streichen. Bei 180 °C circa 35 Minuten im vorgeheizten Rohr backen.

TIPP: Für noch mehr „Grün“ sorgen gehackte Kürbiskerne, mit denen man die Laibchen vor dem Backen bestreut.

KICHERERBSEN MIT MANGOLD UND REIS

Den Reis mit der doppelten Menge Salzwasser gar kochen. Etwas Olivenöl in einem Topf erhitzen, Zwiebel und Knoblauch darin glasig dünsten. Tomatenmark, Salz, Pfeffer und etwas Honig zugeben und gut vermischen. Dann die gekochten Kichererbsen und die Mangoldstreifen unterrühren und etwa 15 Minuten köcheln lassen. Wenn nötig, etwas Wasser zufügen. Der Eintopf sollte nicht zu flüssig sein.
Das Gericht in einer Schüssel anrichten und mit dem Reis servieren.

TIPP: Der Kichererbseneintopf kann warm, lauwarm oder kalt mit Brot, Reis oder Kartoffeln gegessen werden – schmeckt immer gut!

1 1/2 Tassen Kichererbsen *über Nacht in kaltem Wasser einweichen, am nächsten Tag abspülen und mit frischem Wasser ca. 1 Stunde kochen*
1 mittelgroßer Mangold *gewaschen, mit den Stielen in fingerdicke Streifen geschnitten, ersatzweise 1 kg Spinat*
1 Zwiebel *fein gewürfelt*
2 – 3 Knoblauchzehen *in feine Scheiben geschnitten*
Olivenöl
2 EL Tomatenmark
1 TL Kreuzkümmel *gemahlen*
1 TL Salz
Pfeffer
Honig
1 große Tasse Basmatireis

MANGOLDROULADEN MIT BUCHWEIZEN

Die Mangoldblätter kurz in heißes Wasser tauchen, damit sie gut formbar werden. Kalt abschrecken.
Die Zwiebel in etwas Öl andünsten, Buchweizen dazu geben und mit der 2,5-fachen Menge Gemüsebrühe aufgießen. Würzen, aufkochen lassen und bei geringer Temperatur ausquellen lassen. Zum Schluss die Petersilie einrühren.

Die Mangoldblätter mit der Buchweizenfülle zu 8 Rollen formen. Die Rouladen eng in eine feuerfeste Form schichten, mit etwas Gemüsebrühe angießen und etwa 15 Minuten im 180 °C heißen Rohr backen.

1 Tasse Buchweizen
Gemüsebrühe
1 kleine Zwiebel *fein gehackt*
Öl
Thymian
Salz, Pfeffer
Petersilie *frisch, fein gehackt*
8 Mangoldblätter *entstielt, den Strunk mehrfach quer einschneiden*

BUCHWEIZEN MIT ROTE-RÜBEN-RAGOUT

1 Tasse Buchweizen
2 Tassen Gemüsebrühe
2 - 3 mittelgroße Rote Rüben gewürfelt
1 kleine Zwiebel fein gehackt
1 TL Butter
300 ml Gemüsebrühe
Salz, Pfeffer
Liebstöckel
Anis und Kümmel gestoßen
1 EL Obstessig
1/2 Becher Obers
1 TL frisch geriebener Kren
ersatzweise Kren aus dem Glas
Petersilie fein gehackt

Zwiebeln in Butter andünsten, Rote Rüben zugeben und kurz mitbraten. Mit Gemüsebrühe aufgießen, Gewürze hinzufügen und auf kleiner Flamme köcheln, bis die Rüben gar sind. Mit Essig, Salz und Pfeffer abschmecken. Obers und Kren unterrühren.

Den Buchweizen in der Gemüsebrühe (wie Reis) gar kochen. Eine Tasse kalt ausschwemmen, mit Buchweizen füllen, leicht andrücken und auf einen Teller stürzen.

Daneben das Rübenragout anrichten. Mit reichlich Petersilie garnieren.

LAUCHGEMÜSE

1 Stange Lauch in Ringe geschnitten
1 TL Butter
etwas Gemüsebrühe
1 TL Stärkemehl
Schlagobers
Salz, Pfeffer
Muskatnuss

Lauch in der Butter andünsten, mit Gemüsebrühe angießen, fertig garen. Stärkemehl in etwas kaltem Wasser anrühren, unter das Lauchgemüse mischen. Weiter köcheln, bis das Gemüse angedickt ist. Mit Salz, Pfeffer und Muskat abschmecken und mit Obers verfeinern.

Zu Getreidelaibchen oder Topinambur servieren.

REISBÄLLCHEN

1 große Tasse Reismehl abgemessen
doppelte Menge Wasser
Sesam
Salz
Pfeffer
Sojasauce
1 – 2 EL Noriflocken, das sind Algen (erhältlich im Reformhaus) und geben dem Gericht eine pikant-fischige Note
Öl/Butterschmalz zum Ausbacken

Wasser aufkochen, salzen und das Reismehl langsam einrühren, sodass keine Klumpen entstehen. Kräftig würzen und einkochen lassen, bis eine feste Masse entsteht.
Die Masse etwas überkühlen lassen, dann kleine Bällchen formen, in Sesam wälzen und in Öl/ Butterschmalz ausbacken.

Reisbällchen sind eine Delikatesse zu Gemüse aus dem Wok!

GEMÜSE AUS DEM WOK

Wokgemüse ist eine tolle Möglichkeit, aus Gemüseresten ein herrliches Gericht zu zaubern. Nach dem Motto „Kühlschrank auf und einfach schauen, was da ist" verwenden Sie das Gemüse, das Sie zu Hause haben.

Gut geeignet sind zum Beispiel: Karotten, Fenchel, Mangold, Chinakohl, Paprika, Zucchini, Auberginen, Pilze, Brokkoli, Pastinaken, Kohlsprossen, Fisolen, Knollensellerie. Wählen Sie 3 – 4 möglichst bunte Gemüsesorten aus und schneiden Sie diese in Streifen (wie Bandnudeln).

Weitere Zutaten:
Zwiebel fein gehackt
Knoblauch fein gehackt
etwas Ingwer fein gehackt
Koriandersamen gemahlen
etwas Chili gemahlen
Kreuzkümmel gemahlen
etwas Zimt
Senfsamen gemahlen
Salz, Pfeffer
Sojasauce
Öl/Butterschmalz

Butterschmalz oder Öl erhitzen, Zwiebel, Knoblauch, Ingwer und die Gewürze – hier dürfen Sie ruhig großzügig sein – anbraten. Das Gemüse zugeben, kurz mitbraten. Dann mit etwas Wasser oder Gemüsebrühe angießen und dünsten lassen. Mit Sojasauce pikant abschmecken.

TIPP: Alle Gemüsesorten und Gewürze sind variabel! Wenn Sie ein Gewürz nicht zu Hause haben, lassen Sie es einfach weg.

ZARTES FRÜHLINGSGEMÜSE

4 ***Karotten*** *geschält und in Streifen geschnitten (Kartoffelschäler)*
1 ***Bund Frühlingszwiebeln*** *geputzt und der Länge nach geviertelt*
1 ***Kohlrabi*** *geschält, in feine Streifen geschnitten*
Olivenöl
etwas ***Zitronensaft***
Salz
Koriandersamen *zerstoßen*
auf Wunsch ***Basilikum*** *fein geschnitten*

Die Frühlingszwiebeln in etwas Öl anbraten, die Gemüsestreifen zugeben und mit wenig Wasser angießen. Zugedeckt bei mittlerer Temperatur weich garen lassen. Gemüse vom Herd nehmen, mit Zitronensaft, Salz und Koriander würzen.

In einer Schüssel anrichten und mit dem Basilikum garnieren.

GEMÜSE FÜR EILIGE UND EXPERIMENTIERFREUDIGE

pro Person ca. 2 ***Handvoll Gemüse*** *je nach Saison und Verfügbarkeit*
Butterschmalz
Gewürze und Kräuter *nach Geschmack, eventuell auch Scharfes (Chili)*
Salz
etwas ***Obers***

Alle Gemüsesorten, die sie zu Hause finden, je nach Sorte in Streifen, Scheiben oder Würfel schneiden. Die Gewürze und Kräuter Ihrer Wahl in Butterschmalz kurz aufschäumen lassen.

Dann zuerst die festen Gemüsesorten wie Karotten und Sellerie unterrühren, etwas braten lassen. Zuletzt die weichen Gemüsesorten (Zucchini, Tomaten, Blattgemüse, und ähnliches) dazugeben, mit etwas Wasser angießen und zugedeckt weich dünsten. Mit Kräutern/Gewürzen und Salz abschmecken. Mit etwas Obers verfeinern. Als Beilage eignet sich Reis, Hirse, Polenta oder Buchweizen.

TIPP: Bei empfindlichem Bauch das Gemüse besonders weich braten.
Verwenden Sie immer wieder andere Gemüsesorten und Gewürze, somit wird das Gericht nie langweilig und schmeckt jedesmal anders.

ERDÄPFEL-LAUCH-KAROTTEN-GRATIN

1 kg Erdäpfel geschält,
in dünne Scheiben geschnitten
eine Stange Lauch
in Streifen geschnitten
eine große Karotte
in Scheiben geschnitten
ca. 1/2 l Milch
Salz, Pfeffer
Muskat
Knoblauch nach Geschmack
Kräuter nach Geschmack, z. B. Majoran,
Liebstöckel, Bohnenkraut

Die Erdäpfel in einer Pfanne mit der Milch, dem Gemüse und den Gewürzen für 5 - 10 Minuten auf kleiner Flamme unter ständigem Rühren ankochen. Vom Herd nehmen, in eine feuerfeste Form füllen, glatt streichen und bei 180 °C etwa 30 - 45 Minuten im Rohr backen.

TIPP: Wer es besonders pikant mag, kann noch geriebenen Parmesan unter die Masse mischen.
Wenn es schnell gehen muss: Das Gemüse in einem feuerfesten Topf (mit Metallhenkeln) ankochen und im Topf ins heiße Rohr stellen. Das Rezept funktioniert auch wunderbar ohne Lauch- und Karottenbeigabe, sollte einmal kein Gemüse zur Hand sein.

POLENTAGUPFERL MIT GEMÜSEHAUBE

1 Tasse Polenta
1 große Zwiebel gewürfelt
Olivenöl
1 Zucchini grob geraspelt
3 Karotten geschält, grob geraspelt
Salz, Pfeffer
mediterrane Kräuter nach Wahl:
z. B. Basilikum, Rosmarin, Thymian,
Bohnenkraut

Für den Überguss:
3 EL Hefeflocken
2 EL Stärke, z. B. Maisstärke
2 EL Tomatenmark
Salz, Pfeffer
1/4 l kaltes Wasser

Zwiebel in Olivenöl anbraten, das Gemüse zugeben, kräftig würzen und wenige Minuten andünsten. Das Gemüse vom Herd nehmen und beiseite stellen.
Muffinformen fetten. Für den Überguss alle Zutaten zu einer glatten, dünnflüssigen Sauce verrühren. Die Polenta in die 3fache Menge kochendes und gesalzenes Wasser einrieseln lassen und rühren, bis die Polenta eindickt. Noch cremig auf die Muffinsförmchen aufteilen.
Das Gemüse auf der Polenta verteilen und mit dem Überguss abschließen. Bei 180 °C etwa 20 - 25 Minuten im vorgeheizten Rohr backen. Aus dem Rohr nehmen und vor dem Servieren noch etwas rasten lassen.

TIPP: Ein sommerlicher Blattsalat schmeckt köstlich dazu. Wer Käse verträgt, kann anstelle des Übergusses auch Käseraspel über das Gemüse streuen.

KÜRBIS-CURRY

1 kg Kürbis entkernt, in mundgerechte Würfel geschnitten
1 Zwiebel fein gewürfelt
2 Knoblauchzehen in Scheiben geschnitten
Gemüsebrühe
2 TL Currypulver
1/2 TL Zimt
etwas Chilipulver
1/2 TL Kreuzkümmel grob zerstoßen
1/2 TL schwarze Senfsamen grob zerstoßen
1/2 TL Koriandersamen grob zerstoßen
Olivenöl ersatzweise 1 TL Butterschmalz
eventuell Obers

Zwiebel, Knoblauch, Ingwer und alle Gewürze in Olivenöl oder Butterschmalz anbraten. Die Kürbiswürfel zufügen, gut durchrühren und mit Gemüsebrühe bedecken. Einen Deckel auflegen und schmoren, bis der Kürbis weich ist. Nach Belieben können Sie das Gericht mit etwas Obers verfeinern.
Zu Vollkornreis, Basmatireis oder auch zu Buchweizen servieren.

Verarbeitungs-TIPP: Die Kürbisschale kann mitgegessen werden, solange sie mit dem Fingernagel eingeritzt werden kann (das ist bei Hokkaido-Kürbissen immer der Fall). Gut waschen reicht (besonders bei Bio-Ware). Man erspart sich das mühsame Schälen.

Servier-TIPP: Eine Tasse oder einen Becher mit kaltem Wasser ausspülen, mit einem Löffel das Getreide einfüllen, andrücken und auf den Teller stürzen. Das Curry daneben anrichten. Mit Petersilie bestreut servieren.

TIPP: Kranke Bäuche verzichten am besten auf Zwiebeln und Knoblauch.

QUINOTTO MIT ZUCCHINI UND GETROCKNETEN TOMATEN

Quinoa in der doppelten Menge Gemüsebrühe auf kleiner Flamme gar kochen. Währenddessen Zucchiniwürfel in Öl anbraten, mit Salz, Pfeffer und Thymian würzen und mit den Tomatenwürfeln mischen. Quinoa vorsichtig unter das gebratene Gemüse heben. Mit Olivenöl und Zitronensaft marinieren. Mit Salz und Pfeffer abschmecken und mit frischem Basilikum garnieren.

TIPP: In der Früh (zum Beispiel während der Morgentoilette) eine größere Portion Quinoa kochen. Zum Frühstück mit einem weich gekochten Ei, gehackter Petersilie und Butterflöckchen essen. Den Rest am Abend mit Zucchini und Tomaten zubereiten.
Sie können auch gleich mehr vom Quinotto zubereiten und am nächsten Tag ins Büro mitnehmen. Leicht zu transportieren, schmeckt auch kalt sehr lecker!

1 Häferl Quinoa
2 Häferl Gemüsebrühe
1/2 Glas getrocknete Tomaten gewürfelt
1 große Zucchini grob gewürfelt
Saft einer 1/2 - 1 Zitrone
Olivenöl
Salz, Pfeffer
Thymian
Basilikum

RUCOLA-RISOTTO

Öl erhitzen, Zwiebel andünsten, Reis zugeben und kurz mitrösten. Gemüsebrühe in Etappen zugießen und erneut angießen, wenn der Reis die Flüssigkeit aufgesogen hat.
Rucola untermischen, würzen und mit Parmesan anrichten. Das Risotto sofort servieren.

1 große Tasse Rundkornreis eventuell durch ungeschälten Rundkornreis ersetzen
1 kleine Zwiebel fein gehackt
1 EL Butter
ca. 1/4 l Gemüsebrühe
100 g Rucola klein geschnitten
Salz, Pfeffer
Parmesan gerieben

OLIVENPOLENTA

1 Tasse Polenta
3 Tassen Gemüsebrühe
etwas Rosmarin fein gehackt
1 TL Butter
Thymian
Oregano
1 Handvoll Oliven entsteint, geviertelt

Gemüsebrühe aufkochen, Butter und Gewürze beigeben. Polenta langsam in die Brühe einrieseln lassen und kräftig mit dem Schneebesen rühren, damit keine Klumpen entstehen. Oliven unterheben und einige Minuten quellen lassen.

TIPP: Die Polenta kann sofort cremig serviert werden. Die Masse kann aber auch in eine kalt gespülte Form gegossen werden.
Nach dem Abkühlen wird sie fest, kann in Scheiben geschnitten und in Butter oder Olivenöl beidseitig knusprig gebraten werden. Die gebratene Polenta schmeckt auch kalt als Snack!

SÜSS-SAURES APFELRISOTTO

1 kleine Zwiebel fein gehackt
4 EL Olivenöl
2 Tassen Risottoreis
2 säuerliche Äpfel klein gewürfelt, einige Apfelspalten als Garnitur beiseite legen
ca. 1,5 l Gemüsebrühe
Saft einer Orange
4 EL Parmesan gerieben
Salz, Pfeffer
Minze zum Garnieren

Zwiebel in Olivenöl glasig dünsten, den Risottoreis einrühren und anrösten. Nach und nach Gemüsebrühe angießen und immer wieder umrühren. Dazwischen die Flüssigkeit ganz vom Reis aufsaugen lassen, dann unterrühren und wieder nachgießen.

Wenn der Reis durchgegart ist, die Apfelwürfel und den Parmesan einrühren. Zuletzt mit Orangensaft und Gewürzen verfeinern und mit Minzeblättern garnieren.

TIPP: Wenn Sie eine robuste Verdauung haben, können Sie den Reis mit einem Schuss Weißwein ablöschen. Grüner Salat schmeckt hervorragend dazu.

POLENTAPIZZA

Teig:
1 1/2 Häferl Polenta
4 Häferl Wasser
2 TL Salz
1 EL Butter

Kräuter:
Oregano, Basilikum, Bohnenkraut

Tomatensauce:
siehe Rezept auf Seite 121
Gemüse nach Wahl und Verträglichkeit
eventuell Oliven
2 Packungen Mozzarella
ersatzweise 1 Packung Schafskäse

Wasser mit Salz und Butter aufkochen, die Kräuter dazu geben und die Polenta einrühren. So lange weiter rühren, bis die Polenta eindickt.
Etwas überkühlen lassen. Solange die Masse noch gut streichfähig ist, auf ein mit Backpapier ausgelegtes Backblech streichen und ganz fest werden lassen.

Den Polentaboden mit Tomatensauce bestreichen und mit Gemüse belegen. Dafür werden „festere" Gemüsesorten wie Karotten und Sellerie aber auch Lauch verwendet. Mangold oder Pilze klein schneiden und andünsten.
Fruchtgemüse wie Tomaten, Paprika und Zucchini kann man roh auf die Pizza geben. Mit Oliven und dem in Scheiben geschnittenen Mozzarella oder mit Schafkäse belegen.

Bei 180 °C im vorgeheizten Rohr etwa 40 Minuten backen. Aus dem Rohr nehmen und vor dem Anschneiden 10 Minuten rasten lassen.

TIPP: Die Menge reicht für 6 Personen. Wenn es sehr schnell gehen muss, bereiten Sie die Blitz-Tomatensauce zu! Verrühren Sie 4 EL Tomatenmark mit einer fein gehackten Knoblauchzehe, 4 EL Olivenöl und 2 EL Wasser. Nach Belieben können Sie noch frische oder getrocknete mediterrane Kräuter einrühren (Oregano, Basilikum, Thymian, Bohnenkraut).

Mit dieser Sauce bestreichen Sie den Pizzaboden, bevor Sie ihn mit dem Gemüse belegen.

TOMATENSAUCE

Zwiebel und Knoblauch in Butterschmalz anbraten, das klein geschnittene Gemüse dazugeben und kräftig anbraten. Mit etwas Wasser oder Gemüsebrühe angießen, damit das Gemüse nicht anbrennt. Mit den Gewürzen abschmecken und weich dünsten lassen. Vor dem Servieren mit dem Pürierstab fein pürieren.

TIPP: Sie haben Gemüsemuffel zu Hause? In dieser kräftig roten Sauce können Sie Gemüse „verstecken". Auch ein Schuss Obers in der Sauce beigemengt schmeckt Kindern sehr gut.

Die Sauce passt zu Nudeln, Kartoffeln und Getreide und kann für die Polenta-Pizza verwendet werden. Da die Pizza ohnehin mit Gemüse belegt wird, können Sie das Gemüse für die Sauce (Karotten, Sellerie, Zucchini) reduzieren oder eventuell ganz weglassen.

TIPP: Empfindliche können den Knoblauch weglassen.

8 Tomaten in Würfel geschnitten
1 kleine Zwiebel
in feine Würfel geschnitten
2 – 3 Karotten geschält, grob geraspelt
1 Scheibe Sellerie grob geraspelt
eventuell 1 kleine Zucchini in kleine Würfel geschnitten
1 Knoblauchzehe
in feine Scheiben geschnitten
Gemüsebrühe ersatzweise auch Wasser
Salz, Pfeffer
1 TL Honig
Muskatnuss
Butterschmalz

KOKOSREIS MIT KARDAMOM

Den Langkornreis mit Salz, Honig, Kardamom und Ingwer in der 3fachen Menge Wasser gar kochen. Kokosraspel, Rosinen und Cashewkerne in etwas Butter anrösten und mit dem Reis mischen. Den Zitronensaft darüber träufeln und einige Minuten durchziehen lassen.

Zu Kürbiscurry oder Karottengemüse servieren.

TIPP: Wenn Sie Vollkornreis verwenden, diesen erst zum Ende der Kochzeit salzen. Er bleibt sonst hart!

1 Tasse Langkornreis
ersatzweise Basmatireis
Salz
1/2 TL Honig
1/2 TL Kardamom gemahlen
2 Kardamomkapseln
Ingwer sehr fein gehackt oder gerieben
Butter
2 EL Kokosraspel
2 EL Rosinen
2 EL Cashewkerne ersatzweise Mandeln
Saft einer 1/2 Zitrone

KÜRBISPUFFER

1 mittelgroßer Kürbis grob geraspelt, entspricht ca.300g geraspeltem Kürbisfleisch
4 – 5 EL Buchweizenmehl
200 ml Wasser
1 Zwiebel fein gehackt
Salz, Pfeffer
Thymian, Bohnenkraut
Öl oder Butterschmalz zum Ausbacken

Aus allen Zutaten einen Teig bereiten (er sollte sehr dick sein, wird sich aber nicht formen lassen). Kräftig mit den Gewürzen abschmecken. In einer Pfanne Öl oder Butterschmalz erhitzen und den Teig mit einem Suppenlöffel portionsweise hineinsetzen. Langsam von beiden Seiten ausbacken. Die fertigen Puffer auf Küchenpapier legen, damit überschüssiges Fett aufgesaugt wird.

TIPP: Die Kürbispuffer schmecken heiß mit einem grünen Salat oder kalt als kleine Zwischenmahlzeit.

SOMMERLICHES OFENGEMÜSE

1 Zucchini in große Würfel geschnitten
1 kleine Melanzani in 2x2 cm große Würfel geschnitten
1 gelbe Paprika in große Würfel geschnitten
4 Tomaten halbiert
4 Frühlingszwiebeln der Länge nach halbiert bzw. geviertelt (je nach Größe)
6 Knoblauchzehen in feine Scheiben geschnitten
Salz, Pfeffer
Olivenöl

mediterrane Kräuter:
Rosmarin, Oregano, Bohnenkraut, Thymian, Basilikum frisch in feine Streifen geschnitten

Das vorbereitete Gemüse in eine feuerfeste Form geben, kräftig würzen und mit Olivenöl beträufeln. Gut durchmischen und bei 180 °C im vorgeheizten Rohr circa 30 Minuten schmoren. Mit Basilikum bestreut in der Form servieren.

-TIPP: Kranke Bäuche verzichten am besten auf Frühlingszwiebeln und Knoblauch.

HAUPTGERICHTE

GEMÜSE-HIRSEAUFLAUF (OHNE MILCH UND EI)

2 Tassen Hirse
4 – 5 Tassen Gemüsebrühe
3 Karotten grob geraspelt
ein Stück Sellerieknolle grob geraspelt
1 Zucchini grob geraspelt
Olivenöl
Majoran, Bohnenkraut, Salz, Pfeffer

Für den Überguss:
1/2 TL Salz
je 1 TL scharfer Senf und Paprikapulver
2 EL Speisestärke
1 EL Zitronensaft
6 EL Hefeflocken
1/4 l kaltes Wasser

Die Hirse mit mindestens der doppelten Menge Gemüsebrühe aufsetzen. Einmal aufkochen und auf kleiner Flamme ausquellen lassen. Die Gemüseraspel in Olivenöl andünsten und mit den Gewürzen kräftig abschmecken. Alle Zutaten für den Überguss verrühren. Zum Schluss langsam kaltes Wasser einrühren und alles gut verschlagen, damit sich keine Klümpchen bilden.
Die Hälfte der Hirse in eine gefettete Auflaufform geben und etwas andrücken. Die Gemüseraspel darauf verteilen und mit der zweiten Hälfte der Hirse bedecken. Den Überguss gleichmäßig auf dem Auflauf verteilen. Bei 180 °C im vorgeheizten Rohr etwa 45 Minuten backen.

HIRSOTTO MIT GEMÜSE

1 Häferl Hirse abgemessen
2,5-fache Menge Gemüsebrühe
1 Lauchstange in feine Ringe geschnitten
2 Karotten geraspelt
Pak Choi (Senfkohl) in Streifen
ersatzweise Chinakohl oder anderes Gemüse der Saison
Salz, Pfeffer
Majoran
1 TL Butter

Die Hirse mit Gemüsebrühe aufkochen und ausquellen lassen. Die Lauchringe in der Butter anschwitzen, Karottenraspel und Pak Choi-Streifen dazugeben, würzen und gar dünsten. Kräftig mit den Gewürzen abschmecken.

Das Gemüse locker unter die Hirse heben, auf Tellern anrichten und mit Butterflöckchen bestreut servieren.

TIPP: Gerichte dieser Art eignen sich bestens zur Resteverwertung. Sie haben unterschiedliche, kleine Gemüsereste im Kühlschrank? Wählen Sie zwei bis drei für Sie gut verträgliche aus und bereiten Sie daraus das Hirsotto zu.

HAUPTGERICHTE

Blitzrezepte für Eilige und Empfindliche

BUTTERKARTOFFELN

8 Kartoffeln auch vom Vortag
etwas Butter
1 Prise Kräutersalz

Die Kartoffeln in der Schale kochen. Dann schälen und noch heiß mit Butter und Kräutersalz servieren.

REIS MIT KARTOFFELN

gekochter Reis auch vom Vortag
1 TL Butter
4 - 5 Karotten geschält, in Scheiben geschnitten
1 Prise Salz

Karotten circa 10 Minuten in wenig Salzwasser weich dünsten, abgießen und in Butter schwenken, mit dem Reis mischen und gegebenenfalls noch erwärmen.

FRUCHTREIS

gekochter Reis auch vom Vortag
1 Apfel oder 1 Birne, grob geraspelt

Das geriebene Obst unter den aufgewärmten Reis heben und nochmals gut durch erwärmen. Nach Belieben mit einem Spritzer Zitronensaft und etwas Honig abschmecken.

Der Fruchtreis kann im Sommer auch kalt serviert werden.

FISOLEN MIT GERÖSTETEN NÜSSEN

Fisolen in Salzwasser weich kochen und abgießen. Butter in einer Pfanne zerlassen, die Nüsse darin unter ständigem Rühren leicht anrösten. Die Fisolen untermengen. Mit Salz abschmecken.

1 Handvoll Fisolen pro Person
eine Prise Salz
5 - 6 Nüsse pro Person grob gehackt
etwas Butter

ZWIEBELKARTOFFELN IM ROHR

Ein Backblech mit Backpapier auslegen, Kartoffel- und Zwiebelwürfel drauf verteilen und mit Knoblauchscheiben, Salz und Rosmarin würzen. Mit Olivenöl beträufeln. Im vorgeheizten Rohr bei 180 °C 35 - 40 Minuten backen.

TIPP: Schmeckt lecker mit Salaten.

3 Kartoffeln pro Person
in große Würfel geschnitten
1 kleine Zwiebel pro Person
in Würfel geschnitten
Salz
Rosmarin
Olivenöl
1 - 2 Knoblauchzehen
in Scheiben geschnitten

KARTOFFELSCHMARRN MIT SCHAFKÄSE

gekochte Kartoffeln auch vom Vortag, in Scheiben geschnitten
etwas Butter
1 Packung Schafkäse in Würfel geschnitten
Rosmarin oder andere Kräuter

Fett erhitzen, Kartoffel darin knusprig anrösten. Die Schafkäsewürfel darüber streuen und nochmals kurz anwärmen (allerdings nicht zu lange, da ansonsten der Käse ganz schmilzt). Mit Kräutern nach Wahl verfeinern. Das Gericht sparsam salzen, da Schafkäse meist sehr salzig ist.

VARIANTE:
Köstlich schmeckt es auch, wenn Sie die Kartoffelscheiben in wenig Butter anbraten und mit etwas Obers und Leinöl verfeinern. Mit Salz abschmecken.

KARTOFFELN MIT PARMESAN

2 - 3 Kartoffeln pro Person
1 EL Parmesan pro Person gerieben

Die Kartoffeln in der Schale kochen. Vor dem Servieren halbieren und heiß mit frisch geriebenem Parmesan servieren.

TIPP: Ein Salat schmeckt köstlich dazu.

KARINS KLEINES FRUCHTKONFEKT

1/2 Tasse getrocknete Aprikosen
1/2 Tasse Rosinen
3 EL Kokosflocken
Zimt
1/2 TL Karob Pulver aus Früchten des Johannesbrotbaumes, ersatzweise echten Kakao
Galgant

Trockenobst in der Küchenmaschine mit etwas Wasser fein zerkleinern. Kokosflocken und Gewürze zugeben, gut verrühren.
Mit feuchten Händen kleine Kugeln formen und in Kokosflocken oder Karob wälzen. Auf einem Teller hübsch anrichten oder in kleine Manschetten setzen.

SESAMKONFEKT

1 Tasse Sesam ohne Fett geröstet und fein gemahlen
1/2 Tasse ungesalzene Pistazien fein gehackt
4 EL fester Honig
3 EL Butterschmalz zerlassen
1/2 TL Anis gemahlen
3 EL Mandeln gerieben
Kokosflocken
Sesam

Alle Zutaten gut vermischen. Mit feuchten Händen kleine Kugeln formen, in Kokosflocken oder Sesam wälzen und eine Stunde kalt stellen. In Papiermanschetten servieren.

FRUCHTPUDDING

1/2 l Fruchtsaft je nach Geschmack und Verträglichkeit, z.B. Johannisbeer-, Marillen-, Pfirsich- oder Hollersaft
1 gestrichener TL Agar-Agar (pflanzliches Bindemittel aus dem Reformhaus)

Gewürze nach Belieben:
Zimt, Vanille, zerstoßene Koriandersamen

Agar-Agar in einer kleinen Menge Fruchtsaft auflösen. Den restlichen Saft aufkochen, das gelöste Bindemittel mit einem Schneebesen kräftig einrühren und einmal kurz aufkochen.
Den angedickten Saft auf 4 kalt ausgespülte Dessertschüsseln aufteilen. Zum Festwerden einige Stunden kühl stellen.

ServierTIPP: Der Pudding kann aus den Schalen gelöst und auf einen Teller gestürzt werden. Dort mit Schlagobers und eventuell frischen Früchten garnieren.

KOKOSBÄLLCHEN

1 EL Butterschmalz
150 g Polenta
50 g Maismehl
400 ml Wasser
2 EL Honig
4 Datteln entkernt
50 g geröstete Mandeln gemahlen
1/4 TL Zimt
etwas Ingwer gerieben
etwas Kardamom gerieben
etwas Vanille
1 Prise Salz
2 EL Kokosraspel

Die Datteln in wenig Wasser weich dünsten und pürieren. Butterschmalz erwärmen, Polenta und Maismehl hineingeben und unter ständigem Rühren etwas anbräunen, bis es angenehm duftet. Wasser und Honig zufügen und gut mit einem Schneebesen verrühren. Das Dattelpüree mit den Gewürzen und den Mandeln zum Maisbrei geben. Die Masse überkühlen lassen. Kleine Bällchen formen und in Kokosraspeln wälzen.

ZeitsparTIPP: Die Masse circa 3 cm hoch auf ein mit Backpapier ausgelegtes Backblech streichen, mit Kokosraspeln bestreuen und auskühlen lassen. In kleine Würfel schneiden.

Wichtig: Schnell aufessen und kühl lagern! Durch den hohen Feuchtigkeitsgehalt sind die Bällchen/Würfel maximal 2 Tage haltbar.

KAROTTEN-HALVA

5 - 7 Karotten geschält, fein geraspelt
3 EL Butterschmalz
5 EL Honig
1 l Wasser
1/2 Becher Obers

Wasser mit Obers aufkochen und beiseite stellen. Butterschmalz erwärmen, Karotten und Honig zugeben und solange köcheln lassen, bis die sich bildende Flüssigkeit verdampft ist und die Karotten zu karamelisieren beginnen. Nun das heiße Wasser-Obers-Gemisch zugießen und langsam ganz einkochen (dauert bis zu einer Stunde). In einen eckigen Behälter streichen und darin erkalten lassen. In Stücke schneiden und genießen.

HIRSEAUFLAUF MIT APFELCREME

1 Häferl Hirse
1 Häferl Wasser
1 Häferl Milch
abgeriebene Schale von 1 Zitrone
3 EL Honig
Vanillepulver
2 Eier
etwas Butter zum Ausfetten

Für die Apfelcreme:
2 große Äpfel gewaschen, grob gerieben
1 – 2 sehr reife Bananen mit einer Gabel fein zerdrückt
1 Becher Joghurt
Saft von 1/2 Zitrone
Zimt

Die Hirse in Wasser und Milch mit der Zitronenschale etwa 5 Minuten aufkochen, dann die Hitze zurückschalten und bei kleiner Hitze ausquellen lassen. Die Hirse überkühlen lassen, mit Honig süßen. Die Eier in Eiklar und Dotter trennen. Die Dotter unter die Hirse ziehen. Das Eiklar zu steifem Schnee schlagen und unterheben. Die Masse in eine gefettete, feuerfeste Auflaufform füllen und bei 180 °C circa 40 Minuten backen.

Währenddessen das Bananenpüree mit den Apfelraspel mischen, mit Zitronensaft und Zimt würzen und das Joghurt unterziehen. Nach Belieben kann die Creme noch mit Honig gesüßt werden.
Den goldbraun gebackenen Hirseauflauf mit der Apfelcreme servieren.

TIPP: Ein Tupfer Marmelade oder frisches, rotes Obst geben einen attraktiven Farbkontrast.

FALSCHER SCHOKOPUDDING

1 reife Avocado
4 Datteln entsteint, eingeweicht
1 TL Karob
(Kakaoersatz aus dem Bioladen)
eventuell etwas Honig und Zimt

Das Avocadofleisch mit den Datteln fein pürieren und das Karob untermischen. Nach Geschmack mit etwas Honig nachsüßen und mit wenig Zimt verfeinern.

Da dieser „Pudding“ durch die Avocado sehr gehaltvoll ist, reicht eine kleine Menge! Nach Belieben können Sie die Creme mit Kirschen oder Beeren servieren. Und: Lassen Sie Ihre Familie oder Gäste raten, was Sie ihnen kredenzen – Sie werden Ihre Freude daran haben!

BUCHWEIZENMUFFINS (OHNE MILCH UND EI)

100 g Butter ersatzweise Öl
100 g Honig
Vanille
2 TL Biobin (pflanzliches Bindemittel aus Johannisbrotkernmehl)
1/4 l Wasser ersatzweise Pflanzenmilch
200 g Buchweizenmehl
1/2 Päckchen Backpulver
Früchte der Saison, z.B. Beeren, Apfel- oder Birnenwürfel, eine zerdrückte Banane

Alle trockenen Zutaten mischen. Butter mit Honig schaumig rühren. Anschließend abwechselnd eine kleine Menge der Mehlmischung und der Flüssigkeit zugeben und zügig unterrühren.
Zum Schluss die Früchte vorsichtig unterheben.

Den Teig in eine befettete Muffinform füllen und ungefähr 15 – 20 Minuten bei 180 °C backen. In der Form überkühlen lassen und dann herauslösen. Nach Wunsch mit etwas Staubzucker bestreuen.

BUCHWEIZENNOCKERL IM MARILLESÜPPCHEN

Für die Nockerl:
1/4 l Milch oder Wasser
1 Päckchen Vanillezucker
125 g Buchweizen geschrotet
1 Becher Topfen (250g)
2 Eier (mittel)
2 EL Honig
1 TL Zimt gemahlen
Salz für das Kochwasser

Für das Süppchen:
1/2 kg Marillen entkernt, grob zerkleinert
1/2 l Wasser
3 – 4 EL Honig
abgeriebene Schale von 1/2 Zitrone

Garnitur:
Melisseblättchen

Milch oder Wasser mit Vanillezucker aufkochen, Buchweizen einrühren, vom Herd ziehen und ausquellen lassen. In eine Schüssel umfüllen und 2 EL Topfen unterrühren, damit der Brei geschmeidig bleibt. Auskühlen lassen. Dann die restlichen Zutaten unterrühren. Kalt stellen. Für die Suppe die Marillen etwa 10 Minuten im Wasser garen, anschließend fein pürieren und mit Honig und Zitronenschale abschmecken. In einem großen Topf Wasser für die Nockerl aufstellen. Salzen. Mit zwei Teelöffeln aus dem Buchweizenbrei Nockerl formen und ins heiße Wasser gleiten lassen. Die Nockerl circa 10 Minuten offen ziehen lassen, nicht wallend kochen.
Die Suppe in tiefen Tellern anrichten, Nockerl mit einem Schaumlöffel aus dem Topf heben und in die Suppe setzen. Mit einem Melisseblättchen garnieren.

TIPP: Statt Marillen können auch Hollerbeeren oder andere Beeren verwendet werden.

BLITZ-KAROTTENKUCHEN

400 g Karotten fein geraspelt
Saft und Schale von 1 Zitrone
200 g Honig
200 g Sonnenblumenöl
1 TL Zimt
Vanille
1 Packung Backpulver
400 g Vollkorn-Dinkelmehl

Die trockenen Zutaten mischen. Die flüssigen einrühren und gut vermengen. Auf ein mit Backpapier ausgelegtes Blech streichen und bei 180 °C 40 – 50 Minuten backen.

TIPP: Schmeckt solo oder mit einer Schokoglasur.

APFELREIS

1 Tasse Rundkornreis nach Verträglichkeit auch Natur-Rundkornreis
1/4 Becher Obers
2 Tassen Wasser
500 g Äpfel klein geschnitten oder grob geraspelt
1 Prise Salz
eventuell Honig zum Süßen
Zimt, Vanille
Rosinen nach Geschmack

Reis zunächst nur mit Wasser zustellen, aufkochen und zugedeckt auf kleiner Flamme köcheln lassen. Wenn das Wasser aufgesaugt ist, Obers, Salz, Zimt und Vanille zugeben. Zum Ende der Kochzeit, wenn der Reis weich ist, die Apfelstücke oder -raspel dazugeben und circa 10 Minuten weiterdünsten lassen – abschmecken. Beim Anrichten mit Apfelspalten garnieren.

APFELSTRUDEL

Für den Strudelteig:
250 g feines Dinkelvollkornmehl
ca. 100 ml Wasser
2 EL Sonnenblumenöl
1/2 TL Salz

Für die Fülle:
1,5 kg Äpfel gewaschen, das Kerngehäuse entfernt, geviertelt und in feine Scheiben geschnitten
Saft und abgeriebene Schale einer Zitrone
Zimt
2 Handvoll Rosinen
ca. 50 g Butter zerlassen
Milch zum Bestreichen

Mehl mit Wasser, Öl und Salz gut vermischen und so lange kräftig kneten, bis der Teig elastisch ist und seidig glänzt. Auf einen Teller legen, mit Öl bestreichen und unter einem angewärmten Topf rund eine Stunde rasten lassen. Die Apfelscheiben mit dem Zitronensaft beträufeln, mit Zimt und Zitronenschale mischen.
Den Strudelteig auf einer bemehlten Arbeitsfläche dünn ausrollen und auf ein bemehltes Tuch legen.
Den Teig zu 2/3 mit der zerlassenen Butter beträufeln. Darauf die Äpfel verteilen, mit Rosinen bestreuen. Der Strudel wird durch Hochheben des Tuches von der mit Äpfeln belegten Seite her eingerollt. Den Strudel auf ein mit Backpapier ausgelegtes Blech legen und mit Milch bestreichen. Im vorgeheizten Rohr bei 180 °C ungefähr 40 Minuten backen.

TIPP: Wer eine Getreidemühle besitzt, kann das gemahlene Getreide sieben und die Schalenteile als Bröselersatz der Fülle zugeben. Wer Kalorien sparen möchte, kann die Butter auch weglassen.

KIRSCHKUCHEN VOM BLECH

400 g Vollkornmehl
1 Packung Backpulver
140 g weiche Butter
200 g Honig
4 Eier
etwas Vanille
abgeriebene Schale von 1/2 Zitrone
1/8 l Milch
500 g Kirschen gewaschen, eventuell entkernt

Vollkornmehl mit Backpulver mischen. Die Eier trennen und Eiweiß zu Schnee schlagen. Butter mit Vanille und Zitronenschale schaumig schlagen. Nach und nach Dotter und Honig zugeben und zu einer sehr schaumigen Masse rühren. Vollkornmehl, Eischnee und Milch abwechselnd unter die Dottermasse heben. Den Teig auf ein mit Backpapier ausgelegtes Backblech streichen und mit den Kirschen großzügig belegen. Im vorgeheizten Rohr bei 180 °C circa 30 Minuten backen.

TIPP: Der Kuchen schmeckt natürlich auch mit Marillen, Zwetschgen, Ribiseln oder anderen Früchten der Saison wunderbar!

HIRSEMUFFINS MIT ZWETSCHKENRÖSTER

Für die Muffins:
3/4 l Milch
200 g Hirse
1/2 TL Salz
100 g Apfelmus
50 g Mandeln gehackt oder Haselnüsse
2 EL Dinkelmehl oder anderes Mehl
50 g Butter weich
2 EL Honig
Sonnenblumenkerne

Für den Röster:
500 g Zwetschken halbiert, entkernt
1 Zimtstange oder Zimt gemahlen
3 Gewürznelken
3 Pimentkörner
1 EL Honig

Die Hirse in der Milch einmal aufkochen lassen und dann auf kleiner Flamme ausquellen lassen. Die restlichen Zutaten gut mit der überkühlten Hirse vermischen. Die Masse sollte fest, aber gut feucht sein. Auf Muffinförmchen aufteilen und bei 180 °C rund 20 – 25 Minuten backen.

Für den Röster alle Zutaten mischen und auf kleiner Flamme etwa 15 Minuten köcheln. Vor dem Servieren Zimtstange, Nelken und Pimentkörner entfernen und zu den warmen Hirsemuffins reichen.

POLENTAKUCHEN

2 Eier
3 EL Honig
abgeriebene Schale von 1/2 Zitrone
1 EL Rum
100 g Polenta
Fett für die Form
1/2 l Milch
Marmelade/Fruchtröster
eventuell Obers geschlagen

Die Eier trennen und das Eiklar zu steifem Schnee schlagen. Dotter mit Honig, Zitronenschale und Rum sehr schaumig rühren.
Die Polenta einmengen und den Schnee unterheben.
Die Masse in eine gefettete Form füllen und bei 150 °C circa 20 Minuten backen. Ist der Kuchen gebacken, wird er mit kochender Milch übergossen. Dann nochmals ins Rohr stellen, bis die Milch vollständig aufgenommen wurde.

Den Kuchen mit Marmelade bestreichen oder mit einem Fruchtröster und geschlagenem Obers servieren.

TIPP: Die Backzeit ist abhängig von der Kuchenform, die Sie verwenden.

Um festzustellen, ob der Kuchen durch ist, machen Sie die Stäbchenprobe: mit einem Zahnstocher den Kuchen an mehreren Stellen einstechen. Kommt das Stäbchen sauber aus dem Kuchen heraus, ist er durch.

OBST WIE'S KINDER LIEBEN

Sie kennen das bestimmt von sich selbst: Wenn Ihnen Äpfel aufgeschnitten angeboten werden, greifen Sie freudiger zu, als nach einem ganzen Apfel. Bei Kindern ist es ähnlich. Sie mögen alles, was bunt ist und klein genug, damit es in ihren Händchen Platz findet.

Früchte der Saison:
Apfel, Birne, Beeren, Marillen, Zwetschgen, Banane

Zahnstocher
Rosinen

Für Fruchtspieße das Obst in mundgerechte Stücke schneiden und dekorativ auf die Zahnstocher aufspießen.

Aus Obst, das man in Spalten schneiden oder teilen kann, können sehr hübsche Schmetterlinge auf einen Teller gelegt werden. Als Fühler dienen 2 Zahnstocher mit je einer aufgesteckten Rosine.
Auch auf Obstgesichter fliegen die Kinder – hier sind Ihrer Fantasie keine Grenzen gesetzt.

TIPP: Falls ihr Kind rohes Obst trotzdem nicht mag, können Sie die meisten Obstsorten auch in Kompottform anbieten.

WAFFELN UND BROT

HAFERWAFFELN

300 g Hafer gemahlen
100 g Haferflocken, Kleinblatt
1 Prise Salz
650 ml Mineralwasser kalt, stark kohlensäurehaltig

Abends oder mindestens 1 Stunde vor dem Backen alle Zutaten verrühren. Am Morgen oder kurz vor dem Backen noch etwas Wasser dazu geben. Nur wenig Teig in das eingefettete Waffeleisen füllen, da sich der Teig stark ausbreitet und sonst überläuft. Die Waffeln knusprig ausbacken.

KARTOFFELWAFFELN

300 g Kartoffeln schälen, fein raspeln
4 EL Buchweizenmehl
1/2 Zwiebel fein gehackt
Salz
Öl

Alle Zutaten (bis auf das Öl) gut vermischen und etwas rasten lassen. Das Waffeleisen erhitzen, mit Öl einstreichen und die Masse portionsweise ausbacken. Ergibt 6–8 köstliche Waffeln.

TIPP: Diese Waffeln erinnern an Kartoffelpuffer und können auch einfach in der Pfanne ausgebacken werden. Sie sind eine herrlich pikante Leckerei für zwischendurch und schmecken auch kalt.

BUCHWEIZENWAFFELN

150 g Buchweizenmehl
ca. 300 ml Mineralwasser stark kohlensäurehältig
1/2 Packerl Backpulver
Salz
1 EL Butterschmalz

Aus allen Zutaten außer dem Butterschmalz einen Teig rühren und eine halbe Stunde rasten lassen. Eventuell noch etwas Wasser dazugeben, falls der Teig zu fest ist. Das Waffeleisen mit Butterschmalz ausstreichen und den Teig im heißen Waffeleisen ausbacken. Diese Waffeln werden locker und leicht. Ergibt je nach Größe des Waffeleisens circa 6 – 8 Stück.

MAISFLADEN

200 g Maisgrieß
800 ml Wasser
Salz
1 EL Öl

Maisgrieß in das Wasser einrühren, salzen und langsam zum Kochen bringen. 1 EL Öl zugeben und etwa 15 Minuten auf kleiner Flamme quellen lassen. Solange der Maisbrei noch weich ist, eine Kastenform mit Frischhaltefolie auslegen und den Brei einfüllen.

Die erkaltete und feste Masse (einige Stunden oder auch über Nacht stehen lassen) aus der Form stürzen, die Folie abziehen und in fingerdicke Scheiben schneiden. In heißem Öl (oder am Backblech) von beiden Seiten anbraten.

TIPP: Sowohl Mais- als auch Hirsefladen eignen sich für süße und pikante Aufstriche oder Auflagen.

Besonders hübsch sieht es aus, wenn man zwei Maisfladen wie ein „Doppeldeckerbrot" mit dem gewünschten Aufstrich/der gewünschten Auflage relativ dick füllt, viertelt und jedes Viertel mit einem Zahnstocher fixiert.
Als „Zebrabrot" ein Hit für die Schuljause!

HIRSEFLADEN

200 g Hirse fein geschrotet
1 l Wasser
Salz
1 EL Öl

Die Hirse in das kochende Wasser einrühren und salzen, rund 15 Minuten kochen lassen. Nach dem Kochen 1EL Öl zugeben und mehrere Stunden nachquellen lassen.

Den Teig zu Fladen formen und auf ein Backblech legen. Nach Belieben die Fladen mit etwas Öl einpinseln. Bei 200 °C für ungefähr 25 Minuten backen.

GLUTENFREIES BROT

200 g Reismehl
150 g Maismehl
150 g Buchweizenmehl
2 TL Johannisbrotkernmehl aus dem Reformhaus
1 Päckchen Trockenhefe
1 TL Salz
1 TL Honig
1 TL Apfelessig
400 ml lauwarmes Wasser
etwas Öl zum Einpinseln

Alle trockenen Zutaten gut vermischen. Dann die flüssigen Zutaten (Honig, Essig, Wasser) zugeben und den Teig kräftig kneten (Küchenmaschine).
Den Teig in eine gefettete Kastenform füllen, mit feuchten Händen glattstreichen. An einem warmen Ort gehen lassen, bis sich das Volumen etwa verdoppelt hat.

Danach das Brot bei 220° circa 50 – 60 Minuten backen. Nach 10 Minuten die Temperatur auf 200° zurückstellen. 10 Minuten vor Ende der Backzeit das Brot mit Öl einpinseln. Aus der Form lösen und auf einem Gitterrost auskühlen lassen.

TIPP: Das Mehl kann individuell gemischt werden, zum Beispiel Maismehl, Kartoffelstärke, Buchweizen-, Amaranth-, Kastanien-, Quinoa-, Hirse-, Tapiokamehl. Die Menge muss zusammen 500 g ergeben, außerdem sollte ein Bindemittel wie Guarkern- oder Johannisbrotmehl zugesetzt werden. Der Apfelessig fördert das Aufgehen.

Das Brot bleibt in einem Plastiksackerl rund 3 – 4 Tage frisch. Sie können es auch wie Toastbrot in Scheiben schneiden und einfrieren. Dann nach Bedarf heraus nehmen und im Toaster aufbacken.

VARIANTE:

Die Hälfte des Wassers kann durch Buttermilch oder Joghurt ersetzt werden. Mit einer Handvoll Nüsse oder Samen können Sie das Brot geschmacklich variieren.
Sehr schmackhaft wird es auch, wenn Sie Brotgewürze wie Anis, Fenchel, Kümmel und/oder Koriander dazugeben.

REZEPTREGISTER

Nahrung für die Seele

Bewusste Ernährung und Fasten führen uns wieder zu neuer Lebendigkeit und Lebensfreude. Lernen Sie sich in wohltuender Atmosphäre selbst neu kennen.

Fasten und Kneippen - ein einzigartiges Zusammenspiel
Das stimmige Zusammenspiel der 5 Kneipp Säulen Lebensordnung, Heilpflanzen, Ernährung, Bewegung und Wasser & Wickel, unterstützt den reinigenden Effekt des Fastens auf besondere Weise.

Der individuelle Fasten- und Ernährungsspezialist
Neben dem traditionellen Fasten bieten wir individuell abgestimmte Entschlackungs- und Ernährungswochen sowie die bewährte „Schlank ohne Diät"– Methode an.

Säure-Basen-Balance
Mehr Vitalität durch basische Ernährung mit viel Obst und Gemüse, unterstützt durch heilkräftige Wickel, Güsse, Bäder und Massagen.

Wir freuen uns auf Sie!

Kneipp Traditionshaus Bad Mühllacken
Spezialist für bewusste Ernährung
Bad Mühllacken 55, 4101 Feldkirchen a. d. Donau
Tel.: +43(0)7233/7215, Infos zum Ortstarif: +43(0)5/9922
info@marienschwestern.at, www.fasten.kneippen.at

Weitere Kneipp Traditionshäuser:
Bad Kreuzen
Spezialist für Bewegung und Lebenskraft mit Traditioneller Europäischer Medizin
Aspach
Spezialist für Stressbewältigung und Burn-out-Prävention

GLOSSAR: ÖSTERREICHISCH – DEUTSCH

abrinnen	herunterlaufen
anrösten	anbraten
ausschwemmen	ausspülen
Backrohr	Ofen
Bauchschneiden	krampfartige Bauchschmerzen
Fisolen	grüne Bohnen
fix	fest
Frittaten	in Streifen geschnittene Pfannkuchen
Fülle	Füllung
gelbe Rüben	gelbe Karotten/ Möhren
Gupferl	Küchlein
Häferl	große Tasse
Hollerbeeren	Holunderbeeren
Jause	Brotmahlzeit
Karfiol	Blumenkohl
Knödel	Klöße
Kohlsprossen	Rosenkohl
Kren	Meerrettich
Kren reißen	Meerrettich reiben
Lade	Schublade
Laibchen	Taler, Bratlinge
Marille	Aprikose
Mehlspeise	süßes Gebäck
Melanzani	Aubergine
Obers	Sahne
Packerlsuppe	Tütensuppe
Palatschinken	Pfannkuchen/ Plinsen
Petersil	Petersilie
Petersilwurzel	Petersilienwurzel
Plastiksackerl	Plastikbeutel
rasten lassen	ruhen lassen
resch	kross
Ribiseln	Johannisbeeren
Röster	Obst in eigenem Saft gedünstet
Rote Rüben	Rote Beete
Sauerrahm	Saure Sahne
Schöpfer	Inhalt einer Kelle
Schöpflöffel	Kelle
Topfen	Quark
überkühlt	abgekühlt
Verkühlung	Erkältung
versprudeln	verrühren